# ORDONNANCES

## DE

## LOUIS XIV.

### ROY. DE FRANCE

### ET DE NAVARRE.

*Données à Saint Germain en Laye au mois de Mars 1673.*

A PARIS;

Chez les Affociez choifis par ordre de fa M**AJESTE'**
pour l'impreffion de fes Nouvelles Ordonnances.

M. D C. LXXIII.

# TABLE

## DES TITRES,

### ET

### DES FORMULES.



á ij

# PRIVILEGE DU ROY.

LOUIS par la grace de Dieu Roy de France & de Navarre: A nos amez & feaux Conseillers les Gens tenans nos Cours de Parlement, Maistres des Requestes ordinaires de nostre Hostel, Grand Conseil, Baillifs, Senéchaux, Prevosts, & tous autres nos Officiers & Justiciers qu'il appartiendra, Salut. Le soin que Nous avons pris de reformer toutes les parties de la Justice en nostre Royaume, par les Nouvelles Ordonnances que Nous avons faites, demeureroit imparfait & privé d'une partie des fruits que Nous en attendons, si Nous n'apportions aucune précaution pour empêcher les mauvaises éditions, peu correctes, mal à propos abregées ou amplifiées, qu'on pourroit faire de cet Ouvrage, aussi-tost qu'il aura paru au jour. A quoy on a toûjours estimé si necessaire de pourvoir en pareil cas, que celuy des Empereurs Chrestiens, que Nous nous sommes proposez d'imiter dans ce travail, & qui s'est acquis une gloire si longue & si durable pour avoir reduit la Jurisprudence Romaine en un corps, n'a pas manqué de regler, & de repeter mesme jusques à quatre ou cinq fois, en diverses Constitutions au devant du Digeste & du Code, la maniere exacte dont il entendoit que toutes les copies fussent écrites, avec de tres-expresses & tres-severes défenses de les écrire autrement. Mais aujourd'huy que l'usage de l'impression Nous donne plus de facilité à éviter de semblables inconveniens, Nous avons creu que sans descendre en un plus grand détail, il suffiroit qu'une seule personne nous répondist durant un fort grand nombre d'années de toutes les éditions qui se feront du Recueil de nos Ordonnances, recevant nos ordres particuliers pour cet effet, sur les avis que Nous pourront donner nos principaux Officiers, & ceux mesme que Nous avons employez à la conduite d'un si grand dessein. C'est pourquoi Nous aurions cy-devant commis à cet effet Claude Preudhomme l'un de nos Valets de Chambre: mais ayant consideré depuis, qu'il estoit necessaire d'y commettre quelque Personne d'autorité & de consideration, à la fidelité & intelligence duquel Nous pûssions prendre une entiere confiance: A CES CAUSES, Nous aurions ordonné à nostre tres-cher & bien amé Cousin FRANÇOIS D'AUBUSSON, Pair de France, Duc de Roanez, Marquis de Boysy, Comte de la Feüillade, & nostre Lieutenant General dans nos Camps & Armées, d'en prendre le soin; & pour cet effet avons revoqué & revoquons par ces Presentes signées de nostre main, le Privilege cy-devant accordé audit Preudhomme par nos Lettres données à Saint Germain en Laye le dix-huictiéme jour de Decembre 1666. & avons permis & permettons par ces mesmes Presentes à nostredit Cousin Duc de Roanez, de faire imprimer par tout nostre Royaume, Païs, Terres, & Seigneuries de nostre obeïssance, en telle marge & tels caracteres, & autant de fois qu'il sera à propos, par tels Imprimeurs ou Libraires qu'il aura choisis, *Le Corps & Compilation de nosdites Ordonnances nouvelles*, soit en un seul ou plusieurs Volumes, & par matieres & traitez separez, sous le Titre des *Ordonnances de* LOUIS XIV. *Roy de France & de Navarre*, & ce durant le temps & espace *de cinquante années*, à compter du jour qu'elles seront achevées d'imprimer pour la premiere fois: faisant tres-expresses défenses à toutes personnes, de quelque qualité & condition qu'elles soient, autres que celles qu'il aura choisies, de faire imprimer, vendre ni debiter en aucun endroit de ce Royaume, ledit Ouvrage, sous quelque pretexte que ce soit, & à toutes personnes d'en acheter, sans que la planche en taille douce que nostredit Cousin Duc de Roanez a fait graver par le nommé Mellan, y soit apposée, & sans estre signé au bas de la derniere page par le Libraire qui l'aura vendu ; mesme d'en apporter ni garder aucum exemplaire de ceux qui pourroient avoir esté contrefaits aux Pais étrangers, à peine de vingt mille livres d'amende ; payable sans déport, par chacun des contrevenans, applicable un tiers à l'Hostel Dieu de nostre bonne Ville de Paris, un tiers à nostre-dit Cousin Duc de Roanez, & un tiers au dénonciateur ; confiscation des exemplaires, de tous despens, dommages & interests, & d'autre punition arbitraire s'il y échet, selon la qualité des contraventions. A condition que dudit Ouvrage il sera mis deux exemplaires en nostre Bibliotheque publique, & un en celle servant à nostre Personne, en nostre Château du Louvre, au lieu appellé le Cabinet des Livres, & un en celle de nostre cher & feal Chancelier de France le Sieur Seguier, avant que d'en exposer aucuns en vente, à peine de nullité des Presentes. Du contenu desquelles Nous vous mandons que vous fassiez joüir pleinement & paisiblement nostredit Cousin Duc de Roanez, & ceux qui auront droit de luy, sans permettre qu'il luy soit fait aucun trouble ni empeschement. Voulons qu'en mettant au commencement ou à la fin du Livre, copie ou extrait des Presentes, elles soient tenuës bien & deuëment signifiées, & que foy soit ajoûtée aux copies d'icelles collationnées par l'un de nos amez & feaux Conseillers & Secretaires, comme à l'Original. Et afin que pendant que nostredit Cousin Duc de Roanez fait travailler ausdites impressions, ni aprés qu'elles seront achevées, personne ne présume sous pretexte d'ignorance d'en vendre ou acheter des exemplaires contre-faits: Voulons & entendons que copies de ces mesmes Presentes collationnées comme dessus, soient envoyées & regiftrées en tous les Sieges Presidiaux, Balliages, & Senéchauffées de nostre Royaume, à la diligence de nos Procureurs Generaux, ausquels Nous enjoignons de le faire; à peine d'en répondre en leurs propres & privez noms. Mandons au premier Huiffier ou Sergent sur ce requis, de faire pour l'execution des Presentes tous Actes necessaires, sans demander aucune permiffion. Car tel est nostre plaisir. Nonobstant oppositions ou appellations quelconques ; & sans préjudice d'icelles, dont si aucunes interviennent, Nous nous reservons la connoissance & à nostre Conseil, l'interdisant à toutes nos Cours & Juges : Nonobstant auffi clameur de Haro, Chartre Normande, & autres Lettres à ce contraires. Donné à Saint Germain en Layë le quinziéme jour de May, l'an de grace mil six cens soixante sept : & de nostre reigne le vingt-quatriéme. Signé, LOUIS, *Et plus bas*, Par le Roy, DE GUENEGAUD, & scellé du grand sceau de cire jaune.

*Regiftré sur le Livre de la Communauté des Libraires & Imprimeurs de Paris, le 25. Iuin 1667. suivant l'Arreft du Parlement du 8. Avril. 1653. & celuy du Conseil Privé du Roy du 27. Fevrier 1665. Signé, S. PIGET, Syndic.*

Monseigneur le Duc de Roanez a cedé ledit Privilege à Thomas Jolly & Denys Thierry, Libraires & Imprimeurs à Paris, pour la joüissance d'un tiers, avec pouvoir d'y affocier qui bon leur semblera, suivant le Contrat du 20. Janvier 1667. fait entre ledit Seigneur & lesdits Jolly & Thierry, & l'acte du 21. May de la mesme année ; le tout paffé pardevant Notaires au Chaftelet de Paris.

Lefdits Jolly & Thierry ont affocié au tiers dudit Privilege R. Ballard, les Veuves Denys Thierry, Martin, Piget & la Cofte, G. de Luynes, J. du Puis, C. Barbin, E. Loyson, R. Guignard & P. Auboin.

EDIT

# EDIT
## DU ROY,

### SERVANT DE REGLEMENT

pour le Commerce des Negocians & Marchands, tant en gros
qu'en détail.

OUIS PAR LA GRACE DE DIEU
ROY DE FRANCE ET DE NAVAR-
RE, A tous presens & à venir, SA-
LUT. Comme le Commerce est la
source de l'abondance publique &
de la richesse des particuliers, Nous avons depuis
plusieurs années appliqué nos soins pour le rendre

A

2

floriſſant dans noſtre Royaume. C'eſt ce qui Nous a porté premierement à eriger parmi nos ſujets pluſieurs Compagnies, par le moyen deſquelles ils tirent preſentement des païs les plus éloignez ce qu'ils n'avoient auparavant que par l'entremiſe des autres Nations. C'eſt ce qui Nous a engagé enſuite à faire conſtruire & armer grand nombre de vaiſſeaux pour l'avancement de la navigation, & à employer la force de nos armes par mer & par terre pour en maintenir la ſeureté. Ces établiſſemens ayant eu tout le ſuccés que Nous en attendions, Nous avons crû eſtre obligez de pourvoir à leur durée par des Reglemens capables d'aſſeurer parmi les Negocians la bonne foy contre la fraude, & de prevenir les obſtacles qui les détournent de leur employ par la longueur des procés, & conſomment en frais le plus liquide de ce qu'ils ont acquis. A CES CAUSES, de l'avis de noſtre Conſeil, & de noſtre certaine ſcience, pleine puiſſance & autorité Royale; Nous avons dit, declaré, & ordonné, diſons, declarons, ordonnons & Nous plaiſt ce qui enſuit.

# TITRE PREMIER.

## *Des Apprentifs , Negocians , & Marchands , tant en gros qu'en detail.*

### ARTICLE PREMIER.

ES lieux où il y a maiſtriſe de Marchands, les Apprentifs Marchands ſeront tenus d'accomplir le temps porté par les Statuts : neantmoins les Enfans de Marchands ſeront reputez avoir fait leur apprentiſſage, lorſqu'ils auront demeuré actuellement en la maiſon de leur pere ou de leur mere, faiſant profeſſion de la meſme marchandiſe, juſques à dix-ſept ans accomplis.

### ARTICLE II.

CELUY qui aura fait ſon apprentiſſage, ſera tenu de demeurer encore autant de temps chez ſon maiſtre, ou un autre Marchand de pareille profeſ-

tion ; ce qui aura lieu pareillement à l'égard des
fils de Maiftres.

## ARTICLE III.

AUCUN ne fera receu Marchand qu'il n'ait
vingt ans accomplis, & né rapporte le brevet &
les certificats d'apprentiffage & du fervice fait depuis. Et en cas que le contenu és certificats ne
fuft veritable, l'Afpirant fera décheu de la maiftrife ; le Maiftre d'apprentiffage qui aura donné fon
certificat, condamné en cinq cens livres d'amende, & les autres Certificateurs chacun en trois
cens livres.

## ARTICLE IV.

L'ASPIRANT à la Maiftrife fera interrogé
fur les Livres & Regiftres à partie double & à
partie fimple, fur les Lettres & Billets de Change, fur les Regles d'Arithmetique, fur la partie
de l'Aune, fur la Livre & poids de Marc, fur les
Mefures & les qualitez de la Marchandife, autant
qu'il conviendra pour le Commerce dont il entend fe mefler.

## ARTICLE V.

DE'FENDONS aux particuliers & aux Communautez de prendre ni recevoir des Aspirans aucuns presens pour leur reception, ni autres droits que ceux qui sont portez par les Statuts, sous quelque pretexte que ce puisse estre, à peine d'amende, qui ne pourra estre moindre de cent livres. Défendons aussi à l'Aspirant de faire aucun festin, à peine de nullité de sa reception.

## ARTICLE VI.

Tous Negocians & Marchands en gros ou en détail; comme aussi les Banquiers, seront reputez majeurs pour le fait de leur Commerce & Banque, sans qu'ils puissent estre restituez sous pretexte de minorité.

## ARTICLE VII.

LES Marchands en gros & en détail, & les Maçons, Charpentiers, Couvreurs, Serruriers, Vitriers, Plombiers, Paveurs, & autres de pareille

qualité, feront tenus de demander payement dans
l'an aprés la délivrance.

## ARTICLE VIII.

L'ACTION fera intentée dans fix mois pour
marchandifes & denrées venduës en détail par
Boulangers, Paftiffiers, Bouchers, Rôtiffeurs, Cui-
finiers, Coûturiers, Paffementiers, Selliers, Bour-
reliers, & autres femblables.

## ARTICLE IX.

VOULONS le contenu és deux Articles cy-
deffus avoir lieu, encore qu'il y euft eu continua-
tion de fourniture ou d'ouvrage, fi ce n'eft qu'a-
vant l'année ou les fix mois, il y euft un compte
arrefté, fommation ou interpellation judiciaire,
cedule, obligation, ou contract.

## ARTICLE X.

POURRONT neantmoins les Marchands &
Ouvriers déferer le ferment à ceux aufquels la
fourniture aura efté faite, les affigner, & les faire
interroger. Et à l'égard des Veuves, Tuteurs de

leurs enfans, Heritiers & ayans cauſe, leur faire
déclarer s'ils ſçavent que la choſe eſt deuë, encore
que l'année ou les ſix mois ſoient expirez.

## ARTICLE XI.

Tous Negocians & Marchands, tant en gros
qu'en détail, auront chacun à leur égard des au-
nes ferrées par les deux bouts & marquées, ou
des poids & meſures étalonnées. Leur défendons de s'en ſervir d'autres, à peine de faux, & de
cent cinquante livres d'amende.

# TITRE SECOND.

## Des Agens de Banque, & Courtiers.

### ARTICLE I.

DEFENDONS aux Agens de Banque & de Change, de faire le Change ou tenir Banque pour leur compte particulier, sous leur nom ou sous des noms interposez, directement ou indirectement, à peine de privation de leurs charges, & de quinze cens livres d'amende.

### ARTICLE II.

NE pourront aussi les Courtiers de Marchandise en faire aucun trafic pour leur compte, ni tenir quaisse chez eux, ou signer des Lettres de Change par aval. Pourront neantmoins certifier que la signature des Lettres de Change est veritable.

ARTICLE

# ARTICLE III.

Ceux qui auront obtenu des Lettres de repy, fait Contract d'atermoiement, ou fait faillite, ne pourront eſtre Agens de Change ou de Banque, ou Courtiers de Marchandiſe.

B

# TITRE III.

## *Des Livres & Regiſtres des Nego-cians , Marchands , & Banquiers.*

### ARTICLE I.

LEs Negocians & Marchands tant en gros qu'en détail auront un Livre qui contiendra tout leur Negoce, leurs Lettres de Change, leurs debtes actives & paſſives ; & les deniers employez à la dépenſe de leur maiſon.

### ARTICLE II.

LEs Agens de Change & de Banque tiendront un Livre journal, dans lequel ſeront inſerées toutes les parties par eux negociées, pour y avoir recours en cas de conteſtation.

## ARTICLE III.

Les Livres des Negocians & Marchands tant en gros qu'en détail, seront signez sur le premier & dernier feüillet, par l'un des Consuls dans les Villes où il y a jurisdiction Consulaire ; & dans les autres, par le Maire ou l'un des Echevins, sans frais ni droits, & les feüillets paraphez & cottez par premier & dernier, de la main de ceux qui auront esté commis par les Consuls ou Maire & Echevins, dont sera fait mention au premier feüillet.

## ARTICLE IV.

Les Livres des Agens de Change & de Banque seront cottez, signez & paraphez par l'un des Consuls sur chaque feüillet, & mention sera faite dans le premier, du nom de l'Agent de Change ou de Banque ; de la qualité du Livre, s'il doit servir de Journal ou pour la quaisse ; & si c'est le premier, second ou autre, dont sera fait mention sur le Registre du Greffe de la Jurisdiction Consulaire, ou de l'Hostel de Ville.

## ARTICLE V.

Les Livres Journaux ſeront écrits d'une meſme ſuite par ordre de date ſans aucun blanc,
arreſtez en chaque Chapitre & à la fin ; & ne ſera rien écrit aux marges.

## ARTICLE VI.

Tous Negocians, Marchands & Agens de
Change & de Banque, ſeront tenus dans ſix mois
aprés la publication de noſtre preſente Ordonnance, de faire de nouveaux Livres Journaux & Regiſtres, ſignez, cottez & paraphez ſuivant qu'il
eſt cy-deſſus ordonné ; dans leſquels ils pourront
ſi bon leur ſemble porter les Extraits de leurs an-
ciens Livres.

## ARTICLE VII.

Tous Negocians & Marchands tant en gros
qu'en detail, mettront en Liaſſe les Lettres miſſi-
ves qu'ils recevront , & en Regiſtre la Copie
de celles qu'ils écriront.

## ARTICLE VIII.

SERONT auſſi tenus tous les Marchands de faire dans le meſme délay de ſix mois , inventaire ſous leur ſein de tous leurs effets mobiliers & immobiliers, & de leurs debtes actives & paſſives, lequel ſera recollé & renouvellé de deux ans en deux ans.

## ARTICLE IX.

LA repreſentation ou communication des Livres Journaux, Regiſtres, ou Inventaires, ne pourra eſtre requiſe ni ordonnée en Juſtice, ſinon pour ſucceſſion, communauté & partage de ſocieté en cas de faillite.

## ARTICLE X.

AU cas neantmoins qu'un Negociant ou un Marchand vouluſt ſe ſervir de ſes Livres Journaux, & Regiſtres , ou que la partie offriſt d'y ajoûter foy, la repreſentation pourra eſtre ordonnée pour en extraire ce qui concernera le différend.

B iij

# TITRE IV.

## Des Societez.

### ARTICLE I.

TOUTE Societé generale ou en commendite
sera redigée par écrit ou pardevant Notaires, ou sous signature privée; & ne sera receuë
aucune preuve par témoins, contre & outre le
contenu en l'acte de societé, ni sur ce qui seroit
allegué avoir esté dit, avant, lors ou depuis l'acte,
encore qu'il s'agist d'une somme ou valeur moindre
de cent livres.

### ARTICLE II.

L'EXTRAIT des Societez entre Marchands
& Negocians, tant en gros qu'en détail, sera registré au Greffe de la Jurisdiction Consulaire, s'il y
en a, sinon en celuy de l'Hostel commun de la
Ville; & s'il n'y en a point, au Greffe de nos Juges
des lieux, ou de ceux des Seigneurs; & l'extrait

inſeré dans un tableau expoſé en lieu public ; le tout
à peine de nullité des Actes & Contracts paſſez,
tant entre les Aſſociez qu'avec leurs Creanciers &
ayans cauſe.

## ARTICLE III.

Aucun Extrait de Societé ne ſera enregiſtré,
s'il n'eſt ſigné ou des Aſſociez, ou de ceux qui auront ſouffert la Societé, & ne contient les noms,
ſurnoms, qualitez & demeure des Aſſociez, & les
clauſes extraordinaires, s'il y en a, pour la ſignature des Actes, le temps auquel elle doit commencer
& finir ; & ne ſera reputée continuée, s'il n'y en
a un acte par écrit, pareillement enregiſtré &
affiché.

## ARTICLE IV.

Tous Actes portant changemens d'Aſſociez,
nouvelles ſtipulations ou clauſes pour la ſignature
feront enregiſtrez & publiez, & n'auront lieu que
du jour de la publication.

## ARTICLE V.

Ne ſera pris par les Greffiers pour l'enregiſtre-

ment de la Societé & la tranfcription dans le tableau, que cinq fols ; & pour chaque Extrait qu'il
en delivrera , trois fols.

## ARTICLE VI.

L E s Societez n'auront effet à l'égard des Affociez, leurs Veuves & Heritiers, Creanciers & ayans
caufe , que du jour qu'elles auront efté regiftrées & publiées au Greffe du domicile de tous
les Contractans, & du lieu où ils auront ma-
gazin.

## ARTICLE VII.

T o u s Affociez feront obligez folidairement
aux debtes de la Societé, encore qu'il n'y en ait
qu'un qui ait figné ; au cas qu'il ait figné pour la
compagnie & non autrement.

## ARTICLE VIII.

L E s Affociez en commendite ne feront obligez que jufques à la concurrence de leur part.


ARTICLE

## ARTICLE IX.

Toute Societé contiendra la clause de se soûmettre aux Arbitres pour les contestations qui surviendront entre les Associez ; & encore que la clause fust omise, un des Associez en pourra nommer, ce que les autres seront tenus de faire : sinon en sera nommé par le Juge pour ceux qui en feront refus.

## ARTICLE X.

Voulons aussi qu'en cas de decés ou de longue absence d'un des Arbitres, les Associez en nomment d'autres : sinon il en sera pourveu par le Juge pour les refusans.

## ARTICLE XI.

En cas que les Arbitres soient partagez en opinions, ils pourront convenir de Surarbitre sans le consentement des parties ; & s'ils n'en conviennent, il en sera nommé un par le Juge.

C

## ARTICLE XII.

LE s Arbitres pourront juger sur les pieces &
memoires qui leur seront remis, sans aucune for-
malité de Justice, nonobstant l'absence de quel-
qu'une des parties.

## ARTICLE XIII.

LE s Sentences arbitrales entre Associez pour
Negoce, Marchandise ou Banque, seront homologuées en la Jurisdiction Consulaire, s'il y en a:
sinon és Sieges ordinaires de nos Juges, ou de
ceux des Seigneurs.

## ARTICLE XIV.

TOUT ce que dessus aura lieu à l'égard des
Veuves, Heritiers, & ayans cause des Associez.

# TITRE CINQUIE'ME.

## Des Lettres & Billets de Change, & promesses d'en fournir.

### ARTICLE I.

Les Lettres de Change contiendront som-mairement le nom de ceux ausquels le contenu devra estre payé , le temps du payement, le nom de celuy qui en a donné la valeur ; & si elle a esté receuë en deniers, marchandise, ou autres effets.

### ARTICLE II.

Toutes Lettres de Change seront acceptées par écrit purement & simplement. Abrogeons l'usage de les accepter verbalement , ou par ces mots : *Veu sans accepter ;* ou , *Accepté pour repondre à temps ;* & toutes autres acceptations sous condition , lesquelles passeront pour refus : & pourront les Lettres estre protestées.

C ij

## ARTICLE III.

Eɴ cas de Proteſt de la Lettre de Change, elle pourra eſtre acquittée par tout autre que celuy ſur qui elle aura eſté tirée ; & au moyen du payement il demeurera ſubrogé en tous les droits du porteur de la Lettre, quoy-qu'il n'en ait point de tranſport, ſubrogation, ni ordre.

## ARTICLE IV.

Lᴇs porteurs de Lettres qui auront eſté acceptées, ou dont le payement échet à jour certain, ſeront tenus de les faire payer, ou proteſter dans dix jours aprés celuy de l'écheance.

## ARTICLE V.

Lᴇs uſances pour le payement des Lettres ſeront de trente jours, encore que les mois ayent plus ou moins de jours.

## ARTICLE VI.

Dᴀɴs les dix jours acquis pour le temps du Proteſt, ſeront compris ceux de l'écheance & du

Protest, des Dimanches, & des Festes, mesme des solennelles.

## ARTICLE VII.

N'ENTENDONS rien innover à nostre Reglement du second jour de Juin mil six cens soixante-sept pour les acceptations, les payemens & autres dispositions concernant le Commerce dans nostre ville de Lyon.

## ARTICLE VIII.

LES Protests ne pourront estre faits que par deux Notaires, ou un Notaire & deux témoins, ou par un Huissier ou Sergent, mesme de la Justice Consulaire, avec deux Recors ; & contiendront le nom & le domicile des Temoins, ou Recors.

## ARTICLE IX.

DANS l'acte de Protest les Lettres de Change seront transcrites avec les ordres & les réponses, s'il y en a ; & la copie du tout signée sera laissée à la partie, à peine de faux, & des dommages & interests.

## ARTICLE X.

LE Proteſt ne pourra eſtre ſuppleé par aucun autre acte.

## ARTICLE XI.

APRE's le Proteſt celuy qui aura accepté la Lettre, pourra eſtre pourſuivi à la requeſte de celuy qui en ſera le porteur.

## ARTICLE XII.

LES porteurs pourront auſſi par la permiſſion du Juge ſaiſir les effets de ceux qui auront tiré ou endoſſé les Lettres, encore qu'elles ayent eſté acceptées ; meſme les effets de ceux ſur leſquels elles auront eſté tirées, en cas qu'ils les ayent acceptées.

## ARTICLE XIII.

CEUX qui auront tiré ou endoſſé les Lettres, ſeront pourſuivis en garantie dans la quinzaine, s'ils ſont domiciliez dans la diſtance de dix lieuës & au delà, à raiſon d'vn jour pour cinq lieuës,

fans diftinction du reffort des Parlemens ; fça-
voir pour les perfonnes domiciliées dans noftre
Royaume : Ethors iceluy les delais feront de deux
mois pour les perfonnes domiciliées en Angle-
terre, Flandre, ou Hollande ; de trois mois
pour l'Italie, l'Allemagne & les Cantons Suiffes ;
de quatre mois pour l'Efpagne ; de fix pour le
Portugal, la Suede & le Dannemark.

## ARTICLE XIV.

LE s delais cy-deffus feront comptez du lendemain des Protefts jufques au jour de l'action
en garantie inclufivement, fans diftinction de
Dimanches & jours de Feftes.

## ARTICLE XV.

APRE's les delais cy-deffus les porteurs des
Lettres feront non - recevables dans leur action
en garantie, & toute autre demande contre les
tireurs & endoffeurs.

## ARTICLE XVI.

LEs tireurs ou endoffeurs des Lettres feront
tenus de prouver en cas de denegation, que

ceux fur qui elles eſtoient tirées , leur eſtoient redevables , ou avoient proviſion au temps qu'elles
ont dû eſtre proteſtées ; ſinon ils ſeront tenus
de les garantir.

## ARTICLE XVII.

S I depuis le temps reglé pour le Proteſt les tireurs ou endoſſeurs ont receu la valeur en argent
ou marchandiſe, par compte, compenſation ,
ou autrement, ils ſeront auſſi tenus de la garantie.

## ARTICLE XVIII.

L A Lettre payable à un particulier , & non
au porteur, ou à ordre, eſtant adhirée, le payement en pourra eſtre pourſuivi & fait en vertu
d'une ſeconde Lettre, ſans donner caution, & faiſant mention que c'eſt une ſeconde Lettre, & que
la premiere ou autre precedente demeurera nulle.

## ARTICLE XIX.

A u cas que la Lettre adhirée ſoit payable au
porteur, ou à ordre, le payement n'en ſera fait que
par ordonnance du Juge , & en baillant caution
de garantir le payement qui en ſera fait.

ARTICLE

## ARTICLE XX.

Les cautions baillées pour l'evenement des Lettres de Change feront déchargées de plein droit, fans qu'il foit befoin d'aucun Jugement, procedure, ou fommation, s'il n'en eft fait aucune demande pendant trois ans, à compter du jour des dernieres pourfuites.

## ARTICLE XXI.

Les Lettres ou Billets de Change feront reputez acquittez aprés cinq ans de ceffation de demande & pourfuites, à compter du lendemain de l'écheance ou du Proteft, ou de la derniere pourfuite. Neanmoins les pretendus debiteurs feront tenus d'affirmer, s'ils en font requis, qu'ils ne font plus redevables; & leurs veuves, heritiers, ou ayans caufe, qu'ils eftiment de bonne foy qu'il n'eft plus rien deu.

## ARTICLE XXII.

Le contenu és deux Articles cy-deffus aura lieu à l'égard des mineurs & des abfens.

D

## ARTICLE XXIII.

LES signatures au dos des Lettres de Change ne serviront que d'endossement, & non d'ordre, s'il n'est daté, & ne contient le nom de celuy qui a payé la valeur en argent, marchandise, ou autrement.

## ARTICLE XXIV.

LES Lettres de Change endossées dans les formes prescrites par l'Article precedent, appartiendront à celuy du nom duquel l'ordre sera rempli, sans qu'il ait besoin de transport, ni de signification.

## ARTICLE XXV.

Au cas que l'endossement ne soit pas dans les formes cy-dessus, les Lettres seront reputées appartenir à celuy qui les aura endossées; & pourront estre saisies par ses creanciers, & compensées par ses redevables.

## ARTICLE XXVI.

Défendons d'antidater les ordres, à peine de faux.

## ARTICLE XXVII.

Aucun Billet ne sera reputé Billet de Change, si ce n'est pour Lettres de Change qui auront esté fournies, ou qui le devront estre.

## ARTICLE XXVIII.

Les Billets pour Lettres de Change fournies feront mention de celuy sur qui elles auront esté tirées, qui en aura payé la valeur, & si le payement a esté fait en deniers, marchandise, ou autres effets, à peine de nullité.

## ARTICLE XXIX.

Les Billets pour Lettres de Change à fournir feront mention du lieu où elles seront tirées, & si la valeur en a esté receuë, & de quelles personnes, aussi à peine de nullité.

D ij

## ARTICLE XXX.

L ɛ s Billets de Change payables à un particulier y nommé, ne seront reputez appartenir à
autre, encore qu'il y eust un transport signifié,
s'ils ne sont payables au porteur, ou à ordre.

## ARTICLE XXXI.

L ɛ porteur d'vn Billet negocié sera tenu de
faire ses diligences contre le debiteur dans dix
jours, s'il est pour valeur receuë en deniers, ou
en Lettres de Change qui auront esté fournies,
ou qui le devront estre ; & dans trois mois, s'il
est pour marchandise, ou autres effets. Et seront
les delais comptez du lendemain de l'écheance,
iceluy compris.

## ARTICLE XXXII.

A faute du payement du contenu dans un Billet de Change, le porteur fera signifier ses diligences à celuy qui aura signé le Billet ou l'ordre ; &
l'assignation en garantie sera donnée dans les delais cy-dessus prescrits pour les Lettres de Change,

## ARTICLE XXXIII.

CEUX qui auront mis leur aval sur des Lettres de Change, sur des promesses d'en fournir, sur des ordres, ou des acceptations, sur des Billets de Change, ou autres actes de pareille qualité concernant le Commerce, seront tenus solidairement avec les tireurs, prometteurs, endosseurs & accepteurs, encore qu'il n'en soit pas fait mention dans l'aval.

D iij

# TITRE SIXIE'ME.

## *Des interests du Change & Rechange.*

### ARTICLE I.

DE'FENDONS aux Negocians, Marchands, & à tous autres, de comprendre l'interest avec le principal, dans les Lettres ou Billets de Change, ou aucun autre acte.

### ARTICLE II.

LES Negocians, Marchands, & aucun autre, ne pourront prendre l'interest d'interest, sous quelque pretexte que ce soit.

### ARTICLE III.

LE prix du Change sera reglé, suivant le cours du lieu où la Lettre sera tirée, eu égard à celuy où la remise sera faite.

ij G

## ARTICLE IV.

Ne sera deu aucun Rechange pour le retour des Lettres, s'il n'est justifié par pieces valables, qu'il a esté pris de l'argent dans le lieu auquel la Lettre aura esté tirée: sinon le Rechange ne sera que pour la restitution du Change avec l'interest, les frais du Protest, & du voyage, s'il en a esté fait, aprés l'affirmation en Justice.

## ARTICLE V.

La Lettre de Change, mesme payable au porteur, ou à ordre, estant protestée, le Rechange ne sera deu par celuy qui l'aura tirée, que pour le lieu où la remise aura esté faite, & non pour les autres lieux où elle aura esté negociée: sauf à se pourvoir par le porteur contre les endosseurs, pour le payement du Rechange des lieux où elle aura esté negociée suivant leur ordre.

## ARTICLE VI.

Le Rechange sera deu par le tireur des Lettres negociées, pour les lieux où le pouvoir de negocier est donné par les Lettres, & pour tous les

autres , fi le pouvoir de negocier eft indefini ,
& pour tous les lieux.

## ARTICLE VII.

L'INTEREST du principal & du Change fera
deu du jour du Proteft, encore qu'il n'ait efté demandé en Juftice. Celuy du Rechange, des frais
du Proteft & du voyage, ne fera deu que du jour
de la demande.

## ARTICLE VIII.

AUCUN preft ne fera fait fous gage, qu'il n'y
en ait un Acte pardevant Notaire, dont fera rete-
nu minute , & qui contiendra la fomme preftée,
& les gages qui auront efté délivrez , à peine de
reftitution des gages , à laquelle le prefteur fera
contraint par corps, fans qu'il puiffe pretendre
de privilege fur les gages , fauf à exercer fes autres actions.

## ARTICLE IX.

LES gages qui ne pourront eftre exprimez dans l'obligation, feront enoncez dans une
facture ou inventaire, dont fera fait mention
dans

dans l'obligation; & la facture ou inventaire contiendront la quantité, qualité, poids, & mesure
des marchandises ou autres effets donnez en gage, sous les peines portées par l'Article precedent.

E

# TITRE SEPTIE'ME.

## *Des Contraintes par corps.*

### ARTICLE I.

CEux qui auront ſigné des Lettres ou Billets de Change, pourront eſtre contraints
par corps ; enſemble ceux qui y auront mis
leur aval ; qui auront promis d'en fournir,
avec remiſe de place en place ; qui auront fait
des promeſſes pour Lettres de Change à eux
fournies, ou qui le devront eſtre, entre tous
Negocians ou Marchands qui auront ſigné des
Billets pour valeur receuë comptant, ou en marchandiſe, ſoit qu'ils doivent eſtre acquittez à
vn particulier y nommé, ou à ſon ordre, ou
au porteur.

## ARTICLE II.

LES mesmes Contraintes auront lieu pour l'execution des Contracts maritimes, grosses aventures, chartres, parties, ventes & achats de Vaisseaux, pour le fret & le naulage.

E ij

# TITRE HUITIEME.

## *Des Separations de biens.*

### ARTICLE I.

DANS les lieux où la communauté de biens d'entre mari & femme est établie par la Coûtume ou par l'Usage, la clause qui y dérogera dans les Contracts de mariage des Marchands grossiers ou détailleurs, & des Banquiers, sera publiée à l'Audience de la Jurisdiction Consulaire, s'il y en a ; sinon dans l'assemblée de l'Hostel commun des villes ; & inserée dans vn tableau exposé en lieu public, à peine de nullité : & la clause n'aura lieu, que du jour qu'elle aura esté publiée & enregistrée.

# ARTICLE II.

VOULONS le mesme estre observé entre les Negocians & Marchands, tant en gros qu'en détail, & Banquiers, pour les Separations de biens d'entre mari & femme, outre les autres formalitez en tel cas requises.

E iij

# TITRE NEUFIEME.

## Des Défenses & Lettres de Répy.

### ARTICLE I.

AUcun Negociant, Marchand ou Banquier, ne pourra obtenir des Défenses generales de le contraindre, ou Lettres de Répy, qu'il n'ait mis au Greffe de la Jurisdiction dans laquelle les Défenses ou l'enterinement des Lettres devront estre poursuivis, de la Jurisdiction Consulaire, s'il y en a, ou de l'Hostel commun de la ville, un état certifié de tous ses effets, tant meubles qu'immeubles, & de ses dettes; & qu'il n'ait representé à ses Creanciers, ou à ceux qui seront par eux commis, s'ils le requierent, les Livres & Registres, dont il sera tenu d'attacher le Certificat sous le contrescel des Lettres.

## ARTICLE II.

Au cas que l'Etat se trouve frauduleux, ceux qui auront obtenu des Lettres ou des Défenses, en seront décheus, encore qu'elles ayent esté enterinées, ou accordées contradictoirement ; & le Demandeur ne pourra plus en obtenir d'autres, ni estre receu au benefice de Cession.

## ARTICLE III.

Les Défenses generales & les Lettres de Répy seront signifiées dans huitaine aux Creanciers, & autres interessez qui seront sur les lieux ; & n'auront effet qu'à l'égard de ceux ausquels la signification en aura esté faite.

## ARTICLE IV.

Ceux qui auront obtenu des Défenses generales, ou des Lettres de Répy, ne pourront payer ou preferer aucun Creancier au prejudice des autres, à peine de décheoir des Lettres & Défenses.

## ARTICLE V.

Voulons que ceux qui auront obtenu des Lettres de Répy, ou des Défenses generales, ne puissent estre éleus Maires ou Echevins des villes, Juges ou Consuls des Marchands, ni avoir voix active & passive dans les Corps & Communautez, ni estre Administrateurs des Hospitaux, ni parvenir aux autres fonctions publiques; & mesme qu'ils en soient exclus, en cas qu'ils fussent actuellement en charge.

## TITRE X.

# TITRE X.

## Des Cessions de biens.

### ARTICLE I.

OUTRE les formalitez ordinairement obſer-
vées pour recevoir au benefice de Ceſſion de
biens, les Negocians & Marchands en gros & en
détail, & les Banquiers ; les Impetrans ſeront tenus de comparoir en perſonnes à l'audience de la
Juriſdiction Conſulaire, s'il y en a ; ſinon en l'aſſemblée de l'Hoſtel commun des Villes, pour y declarer leur nom, ſurnom, qualité & demeure, &
qu'ils ont eſté receus à faire Ceſſion de biens : Et
ſera leur Declaration leuë & publiée par le Greffier,
& inſerée dans un tableau public.

### ARTICLE II.

Les Etrangers qui n'auront obtenu nos Lettres
de Naturalité ou de declaration de Naturalité, ne
ſeront receus à faire Ceſſion.

F

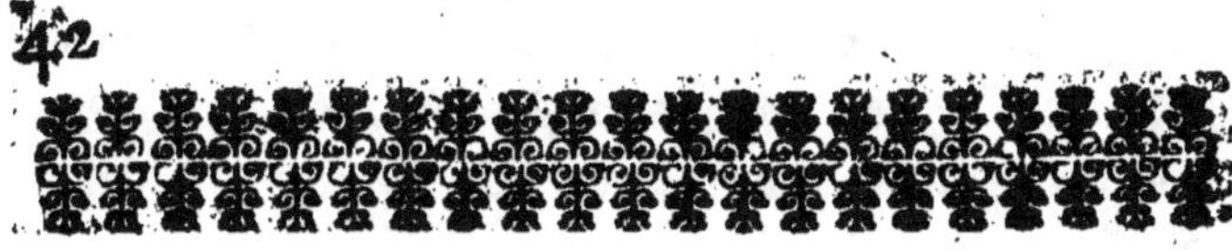

# TITRE XI.

## *Des Faillites & Banqueroutes.*

### ARTICLE I.

LA Faillite ou Banqueroute sera reputée ouverte du jour que le debiteur se sera retiré, ou que le scellé aura esté apposé sur ses biens.

### ARTICLE II.

CEUX qui auront fait Faillite, seront tenus de donner à leurs Creanciers un Estat certifié d'eux, de tout ce qu'ils possedent, & de tout ce qu'ils doivent.

### ARTICLE III.

LES Negocians, Marchands & Banquiers seront encore tenus de representer tous leurs Livres & Registres cottez & paraphez en la forme prescrite par les Articles 1. 2. 4. 5. 6. & 7. du Titre III. cy-

deſſus, pour eſtre remis au Greffe des Juges &
Conſuls, s'il y en a, ſinon de l'Hoſtel commun
des villes, ou és mains des Creanciers, à leur
choix.

## ARTICLE IV.

DECLARONS nuls tous tranſports, ceſſions,
ventes & donations de biens meubles ou immeubles, faits en fraude des Creanciers. Voulons qu'ils
ſoient rapportez à la maſſe commune des effets.

## ARTICLE V.

LES reſolutions priſes dans l'aſſemblée des
Creanciers à la pluralité des voix pour le recou-
vrement des effets, ou l'acquit des dettes, ſeront
executées par proviſion, & nonobſtant toutes oppoſitions oû appellations.

## ARTICLE VI.

LES voix des Creanciers prévaudront, non par
le nombre des perſonnes, mais eu égard à ce qui
leur ſera deu, s'il monte aux trois quarts du total
des dettes.

## ARTICLE VII.

EN cas d'opposition ou de refus de signer les
deliberations par les Creanciers, dont les creances
n'excederont le quart du total des dettes, Voulons
qu'elles soient homologuées en Justice, & executées comme s'ils avoient tous signé.

## ARTICLE VIII.

N'ENTENDONS neantmoins déroger aux
Privileges sur les meubles, ni aux Privileges &
hypotheques sur les immeubles, qui seront conservez, sans que ceux qui auront privilege ou hypotheque, puissent estre tenus d'entrer en aucune
composition, remise ou atermoyement, à cause
des sommes pour lesquelles ils auront privilege ou
hypotheque.

## ARTICLE IX.

LES deniers comptans & ceux qui procede-
ront de la vente des meubles & des effets mobiliers, seront mis és mains de ceux qui seront nom-
mez par les Creanciers à la pluralité des voix; &
ne pourront estre vendiquez par les Receveurs des

Confignations, Greffiers, Notaires, Huiffiers, Sergens, ou autres perfonnes publiques, ni pris fur iceux aucun droit par eux ou les dépofitaires, à peine de concuffion.

## ARTICLE X.

DECLARONS Banqueroutiers frauduleux, ceux qui auront diverty leurs effets, fuppofé des Creanciers, ou declaré plus qu'il n'eftoit deu aux veritables Creanciers.

## ARTICLE XI.

LES Negotians & les Marchands tant en gros qu'en détail, & les Banquiers, qui lors de leur Faillite ne reprefenteront pas leurs Regiftres & Journaux, fignez & paraphez comme Nous avons ordonné dy-deffus, pourront eftre reputez Banqueroutiers frauduleux.

## ARTICLE XII.

LES banqueroutiers frauduleux feront pourfuivis extraordinairement, & punis de mort.

## ARTICLE XIII.

CEUX qui auront aidé ou favorisé la Banqueroute frauduleuse, en divertiſſant les effets, accep-
tant des tranſports, ventes ou donations ſimulées,
& qu'ils ſçauront eſtre en fraude des Creanciers,
ou ſe declarant Creanciers ne l'eſtant pas, ou pour
plus grande ſomme que celle qui leur eſtoit deuë,
ſeront condamnez en quinze cens livres d'amende, & au double de ce qu'ils auront diverty ou
trop demandé, au profit des Creanciers.

# TITRE XII.

## *De la Iurisdiction des Consuls.*

### ARTICLE I.

**D**ECLARONS communs pour tous les Sieges des Juges & Consuls, l'Edit de leur établissement dans nostre bonne Ville de Paris, du mois de Novembre 1563. & tous autres Edits & Declarations touchant la Jurisdiction Consulaire, enregistrez en nos Cours de Parlement.

### ARTICLE II.

LES Juges & Consuls connoistront de tous Billets de Change faits entre Negocians & Marchands, ou dont ils devront la valeur ; & entre toutes personnes, pour Lettres de Change ou remises d'argent faites de place en place.

## ARTICLE III.

LEUR défendons neantmoins de connoistre des Billets de Change entre Particuliers, autres que Negocians & Marchands, ou dont ils ne devront point la valeur. Voulons que les Parties se pourvoyent pardevant les Juges ordinaires, ainsi que pour de simples promesses.

## ARTICLE IV.

LES Juges & Consuls connoistront des differends pour ventes faites par des Marchands, Artisans & Gens de Mestier, afin de revendre ou de travailler de leur profession : comme à Tailleurs d'habits pour étoffes, passemens, & autres fournitures ; Boulangers & Pastissiers pour bled & farine ; Maçons pour pierre, moëllon & plastre ; Charpentiers, Menuisiers, Charrons, Tonneliers, & Tourneurs, pour bois ; Serruriers, Mareschaux, Taillandiers, & Armuriers, pour fer ; Plombiers & Fonteniers pour plomb, & autres semblables.

## ARTICLE V.

CONNOISTRONT aussi des gages, salaire

&

& penſions des Commiſſionaires, Facteurs ou ſer-
viteurs des Marchands pour le fait du Trafic ſeulement.

## ARTICLE VI.

Ne pourront les Juges & Conſuls, connoiſtre
des conteſtations pour nourritures, entretiens, &
emmeublemens, meſme entre Marchands, ſi ce
n'eſt qu'ils en faſſent profeſſion.

## ARTICLE VII.

Les Juges & Conſuls connoiſtront des differends à cauſe des aſſurances, groſſes aventures,
promeſſes, obligations, & contracts, concernant
le Commerce de la Mer, le fret & le naulage des
Vaiſſeaux.

## ARTICLE VIII.

Connoistront auſſi du Commerce fait
pendant les Foires tenuës és lieux de leur établiſſe-
ment ; ſi l'attribution n'en eſt faite aux Juges
Conſervateurs du privilege des Foires.

G

## ARTICLE IX.

CONNOISTRONT pareillement de l'execution de nos Lettres, lorsqu'elles seront incidentes aux affaires de leur competence, pourveu qu'il ne s'agisse pas de l'estat ou qualité des personnes.

## ARTICLE X.

LES gens d'Eglise, Gentilshommes & Bourgeois, Laboureurs, Vignerons, & autres, pourront faire assigner pour ventes de bleds, vins, bestiaux, & autres denrées procedant de leur crû, ou pardevant les Juges ordinaires, ou pardevant les Juges & Consuls, si les ventes ont esté faites à des Marchands ou Artisans, faisant profession de revendre.

## ARTICLE XI.

NE sera étably dans la Jurisdiction Consulaire, aucun Procureur Syndic, ni autre Officier, s'il n'est ordonné par l'Edit de creation du Siege, ou autre Edit deuëment registré.

## ARTICLE XII.

Les procedures de la Jurisdiction Consulaire seront faites suivant les formes prescrites par le Titre seiziesme de nostre Ordonnance du mois d'Avril mil six cens soixante sept.

## ARTICLE XIII.

Les Juges & Consuls dans les matieres de leur competence, pourront juger nonobstant tout déclinatoire, appel d'incompetence , prise-à-partie , renvoy requis & signifié , mesme en vertu de nos Lettres de *Committimus* aux Requestes de nostre Hostel ou du Palais ; le privilege des Universitez, des Lettres de Garde-gardienne, & tous autres.

## ARTICLE XIV.

Seront tenus neantmoins, si la connoissance ne leur appartient pas, de déferer au déclinatoire , à l'appel d'incompetence, à la prise-à-partie, & au renvoy.

## ARTICLE XV.

DECLARONS nulles toutes Ordonnances, Commiſſions, Mandemens pour faire aſſigner, & les Aſſignations données en conſequence pardevant nos Juges & ceux des Seigneurs en revocation de celles qui auront eſté données pardevant les Juges & Conſuls. Défendons à peine de nullité, de caſſer ou ſurſeoir les procedures & les pourſuites en execution de leurs Sentences, ni faire défenſes de proceder pardevant eux. Voulons qu'en vertu de noſtre preſente Ordonnance, elles ſoient executées, & que les Parties qui auront preſenté leurs Requeſtes pour faire caſſer, revoquer, ſurſeoir, ou défendre l'execution de leurs Jugemens ; les Procureurs qui les auront ſignées, & les Huiſſiers ou Sergens qui les auront ſignifiées, ſoient condamnez chacun en cinquante livres d'amende, moitié au profit de la Partie, & moitié au profit des Pauvres ; qui ne pourront eſtre remiſes ni moderées : au payement deſquelles la Partie, les Procureurs & les Sergens ſeront contraints ſolidairement.

## ARTICLE XVI.

Les Veuves & Heritiers des Marchands, Negocians, & autres, contre lesquels on pourroit se
pourvoir pardevant les Juges & Consuls, y seront
assignez, ou en reprise, ou par nouvelle action. Et
en cas que la qualité, ou de Commune, ou d'Heritier pur & simple, ou par Benefice d'inventaire, soit
contestée ; ou qu'il s'agisse de doüaire ou de legs
universel ou particulier, les Parties seront renvoyées
pardevant les Juges ordinaires pour les regler : Et
aprés le jugement de la qualité, doüaire ou legs,
elles seront renvoyées pardevant les Juges & Consuls.

## ARTICLE XVII.

Dans les matieres attribuées aux Juges &
Consuls, le Creancier pourra faire donner l'assignation à son choix, ou au lieu du domicile du
debiteur, ou au lieu auquel la promesse a esté
faite, & la marchandise fournie ; ou au lieu auquel le payement doit estre fait.

G iij

## ARTICLE XVIII.

LES Assignations pour le Commerce maritime, seront données pardevant les Juges & Consuls du lieu où le contract aura esté passé. Declarons nulles celles qui seront données pardevant les Juges & Consuls du lieu d'où le vaisseau sera parti, ou de celuy où il aura fait naufrage.

SI DONNONS EN MANDEMENT à nos amez & feaux les Gens tenans nos Cours de Parlement, Chambres des Comptes, Cours des Aydes, Baillifs, Seneschaux, & tous autres nos Officiers, que ces Presentes ils gardent, observent & entretiennent, fassent garder, observer & entretenir; Et pour les rendre notoires à nos sujets, les fassent lire, publier & regiftrer. CAR tel est nostre plaisir. Et afin que ce soit chose ferme & stable à toûjours, Nous y avons fait mettre nostre scel. Donné à Versailles au mois de Mars l'an de grace mil six cens soixante-treize; & de nostre regne le trentiesme. Signé LOUIS. *Et plus bas,* Par le Roy, COLBERT. *Et à costé est escrit, Visa,* DALIGRE. *Edit pour le Commerce.* Et scellé du grand sceau de cire verte sur lacs de soye rouge & verte.

*Leu, publié, & regiſtré, Ouï, & ce reque-*
*rant le Procureur General du Roy, pour eſtre exe-*
*cuté ſelon ſa forme & teneur. A Paris en Par-*
*lement, le Roy y ſceant en ſon lit de Juſtice, le*
*vingt-troiſiéme Mars mil ſix cens ſoixante-treize.*

Signé, Du TILLET.

*Leu, publié, & regiſtré en la Chambre des*
*Comptes, Ouï & ce conſentant le Procureur Gene-*
*ral du Roy, du tres-exprés commandement de ſa*
*Majeſté, porté par Monſieur le Duc d'Orleans ſon*
*Frere unique, venu exprés en ladite Chambre, aſ-*
*ſiſté du ſieur du Pleſſis-Praſlin, Maréchal, Duc &*
*Pair de France, & des ſieurs Puſſort & de Bénard-*
*Rezé, Conſeillers d'Eſtat ordinaires, le vingt-troi-*
*ſiéme Mars mil ſix cens ſoixante-treize.*

Signé, RICHER.

*Leu, publié, & regiſtré du tres-exprés Com-*
*mandement du Roy, porté par Monſieur le Prince*
*de Condé, premier Prince du Sang, aſſiſté du ſieur*
*de Grancé de Medavy, Maréchal de France, & des*
*ſieurs Voiſin & de Fieubet, Conſeillers ordinaires*
*du Roy, Ouï, ce requerant & conſentant ſon Pro-*
*cureur General, pour eſtre executé ſelon ſa forme &*

*teneur: Et ordonné que Copies collationnées seront envoyées és Siéges des Elections, Greniers à Sel, & autres Jurisdictions du ressort de la Cour, pour y estre pareillement leuës, publiées, & enregistrées. Enjoint aux Substituts dudit Procureur General du Roy esdits Siéges d'en certifier la Cour au mois. A Paris en la Cour des Aydes, les Chambres assemblées, le vingt-troisiéme Mars mil six cens soixante-treize.*

Signé, BOUCHER.

EDIT

# EDIT
## DU ROY.

*SERVANT DE REGLEMENT pour les Epices, & Vacations des Commiſſaires, & autres frais de Juſtice.*

OUIS PAR LA GRACE DE DIEU ROY DE FRANCE ET DE NAVARRE: A tous preſens & à venir, SALUT. La Juſtice devant eſtre renduë gratuitement, l'uſage des ſiecles précedens a neantmoins introduit en faveur des Juges quelque retribution au delà des gages que Nous leur avons accordé, dont Nous avons intention de Nous charger à l'avenir, lorſque l'eſtat de nos affaires le permettra. Cependant Nous avons reſolu d'y pourvoir par un tem-

H

peremment convenable. A CES CAUSES: De
l'Avis de noftre Confeil, & de noftre certaine
fcience, pleine puiffance & autorité Royale, Nous
avons dit, declaré & ordonné, difons, declarons,
ordonnons, & nous plaift ce qui enfuit.

*Des Epices & Confignations des Commiffaires,*
*& autres droits, & frais de Juftice.*

## ARTICLE I.

VOULONS que par provifion, & en attendant
que l'eftat de nos affaires Nous puiffe permettre
d'augmenter les gages de nos Officiers de Judica-
ture, pour leur donner moyen de rendre gratuitement la juftice à nos fujets, aucuns de nos Juges
ou autres, mefme nos Cours, ne puiffent prendre
d'autres Epices, Salaires, ni Vacations pour les vifi-
tes, rapports & jugemens des Procez civils ou criminels, que celles qui feront taxées par celuy qui
aura prefidé; fans qu'on puiffe prendre ni recevoir
aucuns autres droits, fous prétexte d'extraits, de
*fciendum*, ou d'arrefts.

## ARTICLE II.

NE feront taxées aucunes Epices pour les Procés qui feront évoquez, ou dont la connoiffance

sera interdite aux Juges, encore que le Rapporteur
en ait fait l'Extrait, qu'ils ayent esté mis sur le Bu-
reau, & mesme esté veus & examinez.

## ARTICLE III.

Lors qu'en matiere Beneficiale aprés la communication au Parquet, toutes les Parties seront
d'accord de passer Appointement à l'Audience sur
la maintenuë diffinitive du Benefice contentieux,
s'il intervient Arrest portant que les titres & capa-
citez des Parties seront veuës, ne pourront en ce
cas estre taxées aucunes Epices pour le rapport,
visite, & jugement du Procés.

## ARTICLE IV.

Celuy qui aura presidé, écrira de sa main
au bas des minutes des Arrests, Jugemens & Sentences, la taxe des Epices & Vacations; & en sera
fait mention par les Greffiers sur les Grosses & Ex-
peditions qu'ils delivreront tant des Arrests que des
Jugemens & Sentences; comme aussi de tous les
droits de Greffe & de l'expedition.

## ARTICLE V.

Les Epices & Vacations seront payées par les

mains des Greffiers ou autres perſonnes chargées
par l'ordre des Compagnies, qui en tiendront Regiſtres, à la marge deſquels ceux qui les auront receus mettront leur receu , ſans qu'eux ou leurs
Clercs puiſſent les prendre ni recevoir par les mains
des Parties ou autres perſonnes , ni les Greffiers
percevoir pour raiſon de ce aucuns droits : Et où il
y auroit des Receveurs des Epices & Vacations éta-
blis en titre d'Office, Voulons qu'ils ayent à ſe retirer pardevers Nous, pour eſtre inceſſamment
pourveu à leur rembourſement.

## ARTICLE VI.

La communication des Arreſts, Jugemens, &
Sentences qui auront eſté miſes au Greffe, ne
pourra eſtre refuſée aux Parties, encore que les
Epices & Vacations n'ayent eſté payées, à peine de ſoixante livres d'amende contre le Greffier
de nos Cours, & de trente livres contre ceux des
autres Juſtices, qui ne pourra eſtre remiſe ni moderée, à faute par eux de ſatisfaire dans la huitaine
à la premiere ſommation qui leur aura eſté faite,
à leurs Clercs ou Commis.

## ARTICLE VII.

DE'FENDONS à toutes nos Cours & Juges, mesme à ceux des Seigneurs, de décerner en leurs noms, ni de leurs Greffiers ou Receveurs, aucuns Executoires pour le payement de leurs Epices & Vacations, à peine de concussion. Pourront neantmoins les Executoires estre délivrez aux Parties interessées au procez, qui les auront déboursées, ainsi qu'il est accoûtumé.

## ARTICLE VIII.

DEFENDONS à tous Juges de prendre aucunes taxes ni salaires pour les Permissions de saisir ou d'assigner, ni pour les Publications de testamens & substitutions, baux judiciaires, vente de fruits & de choses mobiliaires, remises & adjudications par decret & par licitation, & pour avoir receu les affirmations.

## ARTICLE IX.

LES Officiers des Présidiaux qui ont financé pour les droits de signature & paraphe, rapporteront leurs titres dans six mois; passé lequel temps, faute

d'y satisfaire, Nous leur défendons de continuer la
perception de ces droits, à peine de concussion.

## ARTICLE X.

Ne seront taxées ni prises aucunes Epices pour
Arrests, Jugemens, ou Sentences renduës sur requeste d'une Partie sans oüir l'autre, tant en matiere Civile que Criminelle, à peine de concussion,
& des dépens, dommages & interests contre celuy qui aura fait la taxe; si ce n'est qu'en matiere
Criminelle il y ait des Procez verbaux ou Informa-
tions concernant le crime, jointes à la Requeste.

## ARTICLE XI.

Défendons à tous Officiers, mesme de
nos Cours, d'assister à la distribution & numeration
des deniers provenans des biens decretez & licit-
tez, & des deniers déposez, qui seront payez par
les Receveurs des Consignations ou Greffiers, encore qu'ils eussent esté requis par les Parties d'y
assister; ni de prendre ou recevoir pour raison de
ce aucunes Epices ou Salaires.

## ARTICLE XII.

Ne seront taxées aucunes Epices aux Subst-

rats de nos Procureurs Generaux, fur les requeftes
de l'une des parties fans oüir l'autre ; defauts, congez, & autres affaires, pour lefquelles nous avons
défendu aux Juges de prendre des Epices.

## ARTICLE XIII.

Nos Advocats & Procureurs és Bailliages,
Senefchauffées, Sieges Préfidiaux & autres Sièges
inferieurs, les Advocats & Procureurs Fifcaux des
Seigneurs, & les Promoteurs des Officialitez, ne
pourront prendre aucuns droits ni vacations pour
leur rapport à l'Audience des Enqueftes, Informa-
tions & Conclufions par eux verbalement données.

## ARTICLE XIV.

Ne pourront auffi nos Avocats & Procureurs
dans les Sieges inferieurs, prendre aucunes Epices
pour la fignature des Sentences & Jugemens par
Appointé entre les Procureurs des Parties, fous
prétexte de noftre intereft ou de celuy du public,
de l'Eglife ou des Mineurs, à peine de fufpenfion
de leurs charges.

## ARTICLE XV.

NE seront pris aucuns droits pour l'Enregistrement des Conclusions.

## ARTICLE XVI.

ENJOIGNONS à nos Cours de Parlemens &
autres nos Cours, en prononçant sur l'appel des
Sentences des Juges inferieurs, de reformer la taxe des Epices, si elle est jugée excessive ; encore
mesme que de ce chef il n'y ait point d'appel ;
d'en ordonner la restitution tant par le Rapporteur
que par celuy qui les aura taxées, & d'y user de plus
grande severité & animadversion, s'il y échet.

## ARTICLE XVII.

VOULONS que tous Procez, tant Civils que
Criminels, soient jugez à l'ordinaire en toutes nos
Cours, Sieges & Justices, mesme en celle des Seigneurs. Défendons d'en juger par Commissaires,
ni de commettre par les Juges aucuns d'entre
eux, pour aux jours & heures extraordinaires faire
les calculs, voir les titres, & arrester les dates &
autres points & articles de fait.

ARTICLE

## ARTICLE XVIII.

N'ENTENDONS neantmoins rien innover à l'usage de nostre Parlement de Paris, pour la visite des Procés par petits Commiſſaires, qui ne se pourra faire pendant les heures d'Audience des Procés de l'ordinaire.

## ARTICLE XIX.

NE pourront neantmoins aucuns Procés eſtre veus par petits Commiſſaires, aux Chambres des Enqueſtes & de noſtre Parlement de Paris, que le fait & l'état n'en ayent eſté ſommairement rapportez toute la Chambre aſſemblée, & qu'il n'ait paſſé des deux tiers des voix à les voir par petits Commiſſaires.

## ARTICLE XX.

PERMETTONS à nos Cours ſeulement de juger par Commiſſaires les Procés ou Inſtances où il y a plus de cinq chefs de demandes au fond, juſtifiées par differens moyens, ſans que les demandes concernant la procedure puiſſent eſtre comptées ; les Procés & Inſtances d'ordre &

de diſtribution de deniers procedant de vente d'immeubles, & de contribution d'effets mobiliaires entre des Creanciers ; ceux de liquidation de fruits, de dommages & interefts, de debats de comptes, d'oppoſitions à fin de charges & de diſtraire, des taxes de dépens excedans dix croix, le tout, pourveu que ce dont il ſera queſtion au Procés, excede la ſomme de mille livres : ſans que ſous ce pretexte, l'on y puiſſe comprendre les Appellations de ſimples ſaiſies reelles d'immeubles, Criées, Congez d'adjuger, Adjudications par decret, & des pourſuites & procedures d'un Decret ; Saiſie d'effets mobiliaires, de Sentences de condamnation de rendre compte, de reſtitution de fruits, & de dommages & interefts, & tous autres en quelque cas que ce puiſſe eſtre ; ni que nos Cours qui n'ont point accoûtumé de juger par Commiſſaires, puiſſent en introduire l'uſage. Et ſera le contenu au preſent Article obſervé, à peine de nullité des jugemens, reſtitution d'Epices & Conſignations, & des dommages & interefts des Parties contre les Juges ; pour raiſon deſquels leur permettons de ſe pourvoir pardevers Nous.

## ARTICLE XXI.

Pourront neantmoins les Officiers de

noftre Grand Confeil feulement, continuër de
voir par Commiffaires , outre les cas mentionnez
au precedent Article, les Procés & Inftances pour
raifon des bornes & limites des terres & feigneu-
ries, quand il y aura defcente & figure ; Combat
de fief, Blafme d'aveu & dénombrement ; Com-
mife & Dépiez de Fief, Droits honorifiques entre
Seigneurs prétendans Juftice , Patronages Eccle-
fiaftique ou Laïque entre Patrons ; Dixmes entre
Decimeurs ; les Procés pour raifon des Commu-
nes, ou entre deux Seigneurs, ou entre un Seigneur & la Communauté ; ceux pour la Banalité
entre la Communauté & le Seigneur , ou entre
deux Seigneurs ; ceux de Subftitution, Retrait li-
gnager , quand les degrez , lignes, & defcentes
feront conteftées ; & ceux concernans le domi-
éile ; en cas de Succeffion & Partage conjointement, fans qu'ils puiffent juger par grands Commiffaires aucuns autres Procés ni Inftances , aux
peines portées par l'Article precedent.

# ARTICLE XXII.

ABROGEONS l'ufage de juger par Commiffaires les procés évoquez , s'ils ne font dans l'un
des cas exprimez dans l'Article precedent.

## ARTICLE XXIII.

LES executions des Arrests, incidens & suites des Procés qui auront esté veus & jugez par Commiſſaires, ſeront veus & jugez à l'ordinaire; ſi ce n'eſt que les executions, incidens & suites ſe trouvent eſtre de la qualité, & en l'un des cas exprimez par noſtre preſente Declaration.

## ARTICLE XXIV.

IL n'y aura pour chacune Vacation de Commiſſaires que ſix écus d'épices. N'entendons neantmoins que ſous pretexte du preſent Article celles de nos Cours qui n'ont pas accoûtumé de prendre de ſi grandes ſommes, puiſſent les augmenter.

## ARTICLE XXV.

DEFENDONS de prendre plus de trois Vacations par chacun jour, depuis le premier Octobre juſques au dernier Fevrier; & plus de quatre depuis le premier Mars juſques au dernier Septembre; & ſans qu'à l'occaſion du preſent Article, les Cours qui ont accoûtumé de ne faire qu'une Vacation en une apresdinée , puissent les augmenter.

## ARTICLE XXVI.

Ne pourront nos Cours quitter les Audiences , ni la Visite & Jugement des Procés de l'ordinaire, pour travailler aux Procés des Commissaires , ni és jours de Festes & de Dimanches , ni és maisons particulieres des Presidens & Conseillers.

## ARTICLE XXVII.

Defendons au Grand Prevost de nostre Hostel & à ses Lieutenans Generaux & Particuliers, de prendre pour la Visite & Jugement des Procés , avec les Maistres des Requestes ordinaires de nostre Hostel , Officiers de nostre Grand Conseil, ou autres Officiers ou Graduez, plus grande somme que celle de dix-neuf livres quatre sols pour le Rapporteur , & trois livres quatre sols pour chacun des Juges , pour chacune Vacation & Epices.

## ARTICLE XXVIII.

Les Avocats seront tenus de mettre au pied

de leurs Ecritures le receu de leurs salaires, à peine de restitution & de rejet de la taxe de dépens.

## ARTICLE XXIX.

Les Clercs ou Commis des Presidens, Maistres des Requestes, Conseillers, de nos Avocats
& Procureurs Generaux & de leurs Substituts,
& des Greffiers & Avocats, ne pourront prendre
& recevoir plus grands droits que ceux qui pas-
sent en taxe aux Parties, encore qu'ils leur fussent volontairement offerts, à peine d'exaction,
qui pourra estre prouvée par la déposition de six
témoins, quoy-qu'interessez, & qu'ils déposent
de faits singuliers.

## ARTICLE XXX.

Defendons aux Lieutenans Generaux des
Baillifs, Seneschaux, & autres Juges commis par nos Ordonnances, pour parapher les
feuïlles des Registres des Baptesmes, Mariages
& Mortuaires, de prendre ni recevoir aucuns
droits ni salaires pour leur paraphe, que Nous
leur enjoignons de faire gratuitement, à peine
de concussion.

**S**IDONNONS EN MANDEMENT
à nos amez & feaux les gens tenans nos
Cours de Parlement, Chambre des Comptes,
Cour des Aydes, Baillifs, Seneschaux, & tous
autres nos Officiers, que ces Presentes ils gardent, observent, & entretiennent, faffent garder,
observer, & entretenir ; & pour les rendre notoires à nos sujets, les faffent lire, publier, &
enregiftrer. CAR tel eft noftre plaifir. Et afin
que ce foit chofe ferme & ftable à toûjours, Nous
y avons fait mettre noftre fcel. Donné à Verfailles, au mois de Mars, l'an de grace mil fix
cens foixante-treize, & de noftre regne le trentiéme. Signé, LOUIS. *Et plus bas,* Par le
Roy, COLBERT. *Et à cofté eft écrit, Visa,*
DALIGRE. *Edit pour fervir de Reglement des Épices & Vacations des Commiffaires.* Et fcellé du
grand fceau de cire verte fur lacs de foye rouge
& verte.

*Leu, publié, & regiftré, ouï, & ce requerent le
Procureur General du Roy, pour eftre executé felon
fa forme & teneur. A Paris en Parlement, le Roy
y feant en fon lit de Juftice, le vingt-troifiéme Mars
mil fix cens foixante-treize.*

Signé, Du TILLET.

*Leu, publié, & regiſtré en la Chambre des Com-*
*ptes, oüi & ce conſentant le Procureur General du*
*Roy, du tres-exprés commandement de ſa Majeſté,*
*porté par Monſieur le Duc d'Orleans ſon Frere uni-*
*que, venu exprés en ladite Chambre, aſſiſté du ſieur*
*du Pleſſis-Praſlin, Mareſchal, Duc & Pair de Fran-*
*ce, & des ſieurs Puſſort & de Bénard-Rezé, Con-*
*ſeillers d'Etat ordinaires, le vingt-troiſiéme Mars mil*
*ſix cens ſoixante-treize.*

Signé, R I C H E R.

*Leu, publié, & regiſtré du tres-exprés comman-*
*dement du Roy, porté par Monſieur le Prince de*
*Condé, premier Prinse du Sang, aſſiſté du ſieur de*
*Grancey de Medavy, Mareſchal de France, & des*
*ſieurs Voiſin & de Fieubet, Conſeillers ordinaires*
*du Roy : Oüi, ce requerant & conſentant ſon*
*Procureur General, pour eſtre executé ſelon ſa*
*forme & teneur ; & ordonné que copies collation-*
*nées ſeront envoyées és Sieges des Elections, Gre-*
*niers à Sel, & autres Juriſdictions du reſſort de la*
*Cour, pour y eſtre pareillement leuës, publiées, &*
*enregiſtrées. Enjoint aux Subſtituts dudit Procureur*
*General du Roy d'en certifier la Cour au mois. A Pa-*
*ris, en la Cour des Aydes, les Chambres aſſemblées,*
*le vingt-troiſiéme jour de Mars, mil ſix cens ſoixante-*
*treize.*　Signé, B O U C H E R.

E D I T

# EDIT
## DU ROY,

*PORTANT ETABLISSEMENT des Greffes d'Enregistrement des Oppositions, pour conserver la preference aux Hypoteques.*

OUIS PAR LA GRACE DE DIEU ROY DE FRANCE ET DE NAVARRE, A tous presens & à venir, SALUT. L'amour paternel que Nous avons pour nos sujets Nous obligeant de pourvoir à leurs interests particuliers ; & l'application que Nous y avons apportée, Nous ayant fait connoistre que la conservation de leurs fortunes dépend principalement d'establir la seureté dans les Hypoteques, & d'empescher que les biens d'un Débiteur solvable ne soient consommez en

K

frais de Juſtice, faute de pouvoir faire paroiſtre ſa
ſolvabilité: Nous n'avons point trouvé de meilleur
moyen, que de rendre publiques toutes les Hypoteques, & de perfectionner par une diſpoſition
univerſelle, ce que quelques Coûtumes de noſtre
Royaume avoient eſſayé de faire par la voye des
ſaiſines & des nantiſſemens. C'eſt pourquoy Nous
avons réſolu d'eſtablir des Greffes d'Enregiſtrement, dans leſquels ceux qui auront des hypoteques pourront former & faire enregiſtrer leurs oppoſitions ; & ce faiſant, ſeront préferez à ceux
qui auront negligé de le faire: Et par ce moyen
on pourra preſter avec ſeureté, & acquerir ſans
crainte d'eſtre évincé; les Créanciers ſeront cer-
tains de la fortune de leurs Débiteurs, & ne ſeront
ni dans la crainte de les voir perir, ni dans l'in-
quietude d'y veiller; & les Acquereurs ſeront aſ-
ſeurez de n'eſtre plus troublez dans leur poſſeſſion
par des charges ou hypoteques anterieures. A CES
CAUSES, & autres conſiderations à ce Nous
mouvant; de l'Avis de noſtre Conſeil, & de noſtre
certaine ſcience, pleine puiſſance, & autorité
Royale, Nous avons dit, déclaré, & ordonné ;
& par ces Preſentes ſignées de noſtre main, diſons, déclarons, ſtatuons, voulons, & nous plaiſt
ce qui enſuit.

## ARTICLE I.

Il sera estably un Greffe en chacun Bailliage &
Senéchauffée des lieux où il y a Préfidial, & dans
les principaux Bailliages & Senéchauffées des Provinces où il n'y a point de Préfidiaux , dans lefquels tous ceux qui prétendront hypoteques , pourront s'oppofer pour la feureté & confervation de
leurs droits ; & fera nommé Greffe des
Enregistremens.

## ARTICLE II.

Les Greffiers feront par Nous pourveus , & feront receus fans aucuns frais , par les Baillifs & Senéchaux ; ou leurs Lieutenans , dans la Jurifdic-
tion defquels ils feront establis , aprés informa-
tion de vie & mœurs , & qu'ils auront presté le
ferment.

## ARTICLE III.

Ils tiendront un Regiftre , dont les feüillets feront cottez par premier & dernier , & paraphez
par le Juge , avant qu'il puiffe y estre fait aucun
Enregiftrement.

K ij

## ARTICLE IV.

Les feüillets du Registre seront divisez par une ligne droite, par moitié du feüillet du haut en bas.

## ARTICLE V.

Il sera fait un Procés verbal par le Juge en la premiere page du Registre, qui contiendra le nombre des feüillets, & le jour que le Paraphe aura esté fait; & sera le Procés verbal signé du Juge & du Greffier.

## ARTICLE VI.

Les Juges recevront du Greffier, pour tous droits d'avoir cotté & paraphé les feüillets du Registre, de quelque grosseur & volume qu'il puisse estre, & pour leur Procés verbal, la somme de cinq livres : leur faisons défense d'éxiger ny recevoir plus grande somme, encore qu'elle leur fust volontairement offerte, à peine de concussion.

## ARTICLE VII.

Il ne sera laissé aucun blanc entré les Enregistremens, à peine d'estre procedé contre le Greffier comme faussaire, & de quinze cens livres
d'amende, dommages, & interests des parties.

## ARTICLE VIII.

Le Registre sera representé au Juge, & par luy
arresté au bas du dernier article par chacun mois,
avec mention du nombre des feüillets dans lesquels les oppositions auront esté faites depuis le
dernier arresté ; & s'il s'y trouve aucun blanc, il
en sera dressé par luy Procés verbal, pour y estre
pourveu ; lequel arresté sera daté & signé de luy
& du Greffier, & recevra le Juge quarante sols
du Greffier pour l'arresté, signature, & Procés
verbal énoncé au present Article.

## ARTICLE IX.

Il sera fait un Procés verbal par le Juge en la derniere page du Registre, qui fera mention de l'estat
d'iceluy ; & sera le Procés verbal signé du Juge &
du Greffier, sans frais.

K iij

## ARTICLE X.

L E Greffe ſera eſtabli dans le lieu de la Juriſdiction du Bailliage , ou Senéchauſſée , qui ſera
trouvé le plus ſeur , & le plus commode ; auquel
lieu les Enregiſtremens ſeront faits , & les Regiſtres dépoſez , ſans qu'ils en puiſſent eſtre tirez ,
meſme en cas de changement & déceds des Greffiers.

## ARTICLE XI.

D E F E N D O N S aux Greffiers de faire aucuns
Enregiſtremens , en autres lieux que dans les Greffes , ni d'en tirer les Regiſtres , ſous quelque prétexte , & pour quelque occaſion que ce ſoit ; le
tout à peine de privation de leurs Offices , & de
quatre mille livres d'amende.

## ARTICLE XII.

C E U X qui auront hypoteque en vertu de quelque titre que ce ſoit , meſme de Sentences , Jugemens , ou Arreſts , ſur heritages , rentes foncieres ,
ou conſtituées par Nous ſur les Hoſtels de Ville ,
Domaines engagez , Offices Domaniaux , & autres

immeubles qui ont une situation certaine, pourront former leurs oppositions aux Greffes des Enregistremens des Bailliages & Senéchaussées de la
situation des immeubles, sur lesquels ils auront hypoteque.

## ARTICLE XIII.

L'OPPOSITION sera libellée, & contiendra
les sommes ou droits pour lesquels elle sera formée,
avec mention du nom du Créancier, de celuy du
Débiteur, ensemble des Titres sur lesquels la crean-
ce ou droit seront establis. Comme aussi seront é-
noncez la date & les noms des Notaires, Tabel-
lions, & autres personnes publiques, qui les auront
receus, & s'il y en a minute ou non ; & si ce sont
Sentences, Jugemens, ou Arrests, sera fait mention de la Jurisdiction en laquelle ils auront esté
rendus.

## ARTICLE XIV.

L'OPPOSITION contiendra aussi élection de
domicile pour l'Opposant, dans le lieu où se fera
l'Enregistrement. Elle sera datée, & fait mention si
c'est devant ou aprés midy, & signée de l'Opposant,
ou du Porteur de sa procuration, & du Greffier.

## ARTICLE XV.

LE Créancier sera tenu de déclarer par son opposition, la Ville, le Bourg, le Village ou Hameau, la Parroisse & Terroir, où l'immeuble sera situé ; sa dénomination, s'il en a aucune, & le nom du Propriétaire ; & si c'est une maison qui soit située dans une Ville ou Bourg, la ruë sera désignée.

## ARTICLE XVI.

LA Procuration sera passée pardevant Notaire, qui retiendra la minute, & en sera laissé copie au Greffe.

## ARTICLE XVII.

LE contenu aux quatre Articles précedens sera observé, à peine de nullité.

## ARTICLE XVIII.

CEUX qui n'ayant point de titres valables, auront formé & enregistré des oppositions, seront condamnez en cinq cens livres d'amende, sans
qu'elle

qu'elle puisse estre remise ni moderée, & aux dommages & interests de celuy sur les biens duquel
les oppositions auront esté enregistrées.

## ARTICLE XIX.

LE Greffier sera tenu de délivrer, quand il en
sera requis, les Extraits de son Registre, & d'y
cotter le jour de l'opposition, le Registre & le
feüillet où elle aura esté enregistrée, à peine de
quinze cens livres d'amende, & des dommages
& interests des Parties.

## ARTICLE XX.

LE domicile éleu par l'acte d'opposition demeurera, nonobstant tous changemens, s'il n'en
est fait nouvelle élection, & qu'elle ne soit enregistrée à la marge de l'opposition, datée, & signée par l'Opposant, ou par le Porteur de sa
Procuration, ensemble par le Greffier ; & elle
sera paraphée par le Juge au premier arresté qu'il
fera du Registre.

## ARTICLE XXI.

LES Creanciers dont les oppositions auront esté

enregiſtrées, ſeront préferez, ſur les immeubles ſur leſquels ils auront formé leurs oppoſitions, à tous autres Creanciers non oppoſans, quoy qu'anterieurs & privilegiez.

## ARTICLE XXII.

NEANTMOINS ceux dont les creances ou droits n'excederont la ſomme ou valeur de deux cens livres, ou de dix livres de rente, ſeront conſervez dans leurs hypoteques & privileges, encore qu'ils n'ayent fait enregiſtrer aucune oppoſition, pourveu neantmoins que toutes les ſommes pour leſquelles l'oppoſition aura eſté formée, accumulées enſemble, n'excedent la ſomme de deux cens livres.

## ARTICLE XXIII.

LES oppoſitions qui auront eſté enregiſtrées dans les quatre mois pour ceux qui ſont dans le Royaume, & dans les ſix mois pour ceux qui en ſont abſens : c'eſt à ſçavoir, pour les Contracts, Donations, & autres Actes, du jour qu'ils auront eſté paſſez ; & pour les Jugemens, Sentences & Arreſts, du jour qu'ils auront eſté rendus ; auront un effet retroactif au jour que les

Actes auront esté passez ; & à celuy que les sentences, jugemens & arrests auront esté rendus: & en consequence prendront leur hipoteque du jour des contracts, sentences, jugemens & arrests.

## ARTICLE XXIV.

LES Creanciers privilégiez, qui se seront opposez dans les quatre mois du jour de leurs contracts, obligations, ou autres titres, seront conservez dans leurs privileges.

## ARTICLE XXV.

SI l'opposition, soit pour l'hypoteque ou privilege, n'est enregistrée qu'aprés les quatre mois, elle n'aura effet que du jour de l'enregistrement.

## ARTICLE XXVI.

CEUX qui alieneront des heritages, rentes foncieres, ou par Nous constituées sur les Hostels de Ville, Domaines engagez, Offices Domaniaux, & autres immeubles qui ont une situation certaine; ou qui emprunteront des deniers par contracts & actes portans hypoteque, seront tenus, à

peine de stellionat , de declarer les contracts &
actes portans hypoteque , qu'ils auront passez dans
les quatre mois precedens , & pareillement les
sentences , jugemens & arrests portans hypoteque
sur leurs biens , qui leur auront esté signifiez, ou qui
auront esté rendus contradictoirement à l'Audience
pendant le même temps dès quatre mois precedens.

## ARTICLE XXVII.

LES Creanciers qui se seront opposez sur les
biens dont leurs Debiteurs seront devenus pro-
prietaires depuis l'hypoteque creée à leur profit, seront preferez aux autres Creanciers non opposans,
ou qui se feront opposez aprés les quatre mois,
pourveu qu'ils ayent fait regitrer leur opposition
dans les quatre mois du jour que les biens auront
esté acquis par leurs Debiteurs, ou qu'ils leur seront
écheus.

## ARTICLE XXVIII.

L'ORDRE d'hypoteque des contracts & actes sera
gardé entre ceux qui se feront opposez dans les
quatre mois.

## ARTICLE XXIX.

S i les oppositions ne font formées qu'aprés les quatre mois , elles n'auront effet que du jour de l'enregistrement.

## ARTICLE XXX.

L e s Creanciers d'un defunt qui auront fait enregistrer leur opposition avant son decez sur les immeubles à luy appartenans , ne seront obligez de la former de nouveau aprés son decez.

## ARTICLE XXXI.

C e u x qui n'auront point fait enregistrer leur opposition avant le decez de leur Debiteur , le pourront faire dans les quatre mois , à compter du jour de son decez; auquel cas ils seront preferez aux Creanciers de l'heritier sur les biens du defunt, ausquels ils auront formé leurs oppositions ; & si elle n'est enregistrée qu'aprés les quatre mois , ils n'entreront en ordre que du jour de l'enregistrement pour raison des mesmes biens.

L iij

## ARTICLE XXXII.

LE Creancier du defunt, auquel l'heritier aura paſſé titre nouvel, ou qui l'aura fait declarer executoire contre luy, & qui aura fait enregiſtrer ſon oppoſition dans les quatre mois du jugement ou titre nouvel, aura hypoteque ſur les biens de l'heritier du jour du jugement ou titre nouvel.

## ARTICLE XXXIII.

Si le Creancier du defunt n'a point fait enregiſtrer ſon oppoſition avant ſon decez, ni dans les quatre mois, à compter du jour de ſon decez, les Creanciers de l'heritier qui auront fait enregiſtrer leurs oppoſitions, luy ſeront préferez, tant ſur les biens du defunt, que ſur ceux de l'heritier, ſur leſquels ils auront fait enregiſtrer leurs oppoſitions.

## ARTICLE XXXIV.

CEUX qui s'oppoſeront en ſous-ordre dans le temps & en la maniere cy-deſſus preſcrite, ſur les biens hypotequez à leurs Debiteurs, ſeront preferez aux autres Creanciers de leurs Debiteurs qui ne ſe feront point oppoſez.

## ARTICLE XXXV.

L'ORDRE des Enregiſtremens ſera gardé entre les oppoſans en ſous-ordre, comme il le ſeroit entre les principaux Oppoſans.

## ARTICLE XXXVI.

S1 le Creancier originaire eſt negligent de s'opposer, & de faire enregiſtrer ſon oppoſition ſur les biens de ſon Debiteur, ſon Creancier pourra le faire, ſans qu'il ſoit beſoin de le faire ordonner, & l'enregiſtrement ne vaudra que pour luy, & juſques à la concurrence de la debte pour laquelle il aura formé ſon oppoſition.

## ARTICLE XXXVII.

CELUY qui aura tranſport d'une debte pour laquelle ſon Cedant aura fait enregiſtrer ſon oppoſition, ſera tenu dans les temps cy-deſſus preſcripts de faire mention du tranſport à coſté de l'enregiſtrement de l'oppoſition, autrement il n'aura aucune préference.

## ARTICLE XXXVIII.

LE mesme sera observé pour toutes les debtes écheuës par succession, donation, ou autrement.

## ARTICLE XXXIX.

LE Creancier pourra former & faire enregistrer son opposition par un mesme Acte, pour differentes debtes, & sur plusieurs immeubles appartenans au mesme Debiteur, pourveu qu'ils soient situez en mesme Bailliage & Senéchaussée.

## ARTICLE XL.

LES Creanciers qui auront fait registrer leurs oppositions aprés les quatre mois, en mesme jour & heure, devant ou aprés midy, seront mis en ordre entre eux, suivant la priorité & privilege de leurs hypoteques.

## ARTICLE XLI.

CEUX qui n'auront point fait enregistrer leurs oppositions, seront mis en ordre entre eux, suivant

leurs

leurs hypoteques & privileges, aprés ceux toutesfois qui seront enregistrez.

## ARTICLE XLII.

Ceux qui acquereront des immeubles, ou aufquels ils escherront à autre titre que de succession,
ou legs universel, seront tenus de faire signifier les
titres de leur proprieté à ceux qui auront fait enregistrer leurs oppositions, soit qu'ils soient principaux opposans, ou seulement en sous-ordre, aux
domiciles par eux éleus ; autrement ils ne pourront
acquerir aucune Prescription au dessous de celle de
trente ans.

## ARTICLE XLIII.

Les significations seront faites par un Huissier,
Sergent ou autre Officier ayant pouvoir d'exploi-
ter, assisté de deux témoins ou records, qui signe-
ront avec luy l'Original & la Copie des Exploits,
avec les autres solemnitez prescrites par nostre
Ordonnance du mois d'Avril 1667. au titre des
Ajournemens ; lesquelles significations seront aussi
contrôllées.

M

## ARTICLE XLIV.

I L sera fait mention sommaire sur le Registre en la marge de chacune opposition, tant du titre du nouveau possesseur, que des significations qui en auront esté faites aux opposans, ensemble de leurs dates, & du nom du Sergent qui les aura faites.

## ARTICLE XLV.

L E contenu aux deux Articles precedens sera observé, à peine de nullité.

## ARTICLE XLVI.

A u c u n e Prescription, au dessous de celle de trente ans, ne commencera à courir au profit du nouveau possesseur, que du jour de l'enregistrement de la signification faite en la forme cy-dessus prescrite.

## ARTICLE XLVII.

E n tous Decrets forcez ou volontaires, ceux qui feront saisir réellement les immeubles, seront tenus de faire signifier avant le Congé d'ajuger, leur Saisie réelle à ceux qui auront formé leur opposi.

tion sur le Registre, aux domiciles par eux esleus
par l'acte d'opposition ; à peine de nullité de la procedure, & du Decret, & de tous dépens, dommages & interests des Parties.

## ARTICLE XLVIII.

L a signification sera faite suivant les formalitez
prescrites par l'Article 43. & contiendra le nom,
qualité, & domicile du Saisissant ; celuy du Procureur par luy constitué pour la poursuite des Criées ;
comme aussi le nom de celuy sur qui l'heritage
aura esté saisi, la Parroisse dans laquelle les heritages sont situez, & le nom de la ruë, si c'est une
maison qui soit située dans une Ville, ou Bourg,
ensemble la Jurisdiction en laquelle le Decret sera
poursuivi.

## ARTICLE XLIX.

A u c u n ne pourra estre approprié d'un immeuble situé dans la Province de Bretagne, qu'auparavant de commencer les Bannies, il n'ait fait signifier
son Contract d'acquisition à ceux qui auront fait
enregistrer leurs oppositions, ensemble la Jurisdiction en laquelle il entend poursuivre l'appropriance, & le nom de son Procureur.

M ij

## ARTICLE L.

LES significations concernant les approprian-ces, seront faites suivant les formalitez prescrites par l'Article 43.

## ARTICLE LI.

SERA fait mention sommaire sur le Registre en la marge de chacune opposition des significations qui auront esté faites aux opposans , pour raison desdits Decrets & Appropriances , ensemble de leurs dates , & du nom des Sergens qui les auront faites.

## ARTICLE LII.

LE contenu és Articles 48. 49. 50. & 51. sera observé, à peine de nullité.

## ARTICLE LIII.

N'ENTENDONS par nostre present Edit dis-penser de l'execution des Ordonnances concer-nant l'Insinuation des Donations & publications des Substitutions , qui demeureront en leur force

& vigueur, & ne pourront les Insinuations & Publications valoir pour Entregistremens, ni en suppléer le defaut.

## ARTICLE LIV.

Aucune sentence, jugement, & arrest ne pourront suppléer le defaut d'Enregistrement. Defendons à tous Juges, mesme à nos Cours, de l'ordonner, à peine de nullité, & à tous Procureurs de le requerir, à peine de cinq cens livres d'amende en leurs noms, laquelle ne pourra estre remise ni moderée.

## ARTICLE LV.

Les Creanciers qui ont des hypoteques & privileges acquis avant nostre present Edit, y seront conservez, pourveu qu'ils forment & fassent enregistrer leurs oppositions dans trois ans, à commencer du premier jour du mois de Juillet prochain; autrement, & à faute de l'avoir fait dans les trois ans, ils n'auront preference que du jour que leurs oppositions auront esté enregistrées.

## ARTICLE LVI.

EXCEPTONS de noftre prefent Edit les hypoteques & privileges que Nous avons fur les biens
de nos Fermiers comptables, & autres qui ont eu
maniment de nos deniers ; lefquels hypoteques
& privileges auront lieu comme auparavant, fans
que pour les conferver il foit befoin d'aucun enregiftrement.

## ARTICLE LVII.

N'ENTENDONS auffi comprendre en noftre
prefent Edit les hypoteques des Mineurs fur les
biens de leurs Tuteurs, Protuteurs, ou Curateurs
comptables ; fans neanmoins que ceux qui jouïf-
fent du privilege des Mineurs foient difpenfez de
former & faire regiftrer leurs oppofitions fur les
biens des Adminiftrateurs, Scindics, & autres qui
ont eu le maniment de leurs biens.

## ARTICLE LVIII.

LES Mineurs feront neanmoins tenus, dans
l'an aprés leur majorité, de former leur oppofition
fur les biens de leurs Tuteurs, Protuteurs, ou Cu-

rateurs comptables, & de la faire enregistrer en la maniere cy-dessus: auquel cas ils seront conservez dans leurs hypoteques du jour de l'Acte de Tutelle; & si leur opposition n'est regiltrée qu'aprés l'année de leur majorité, elle n'aura effet que du jour de l'enregistrement.

## ARTICLE LIX.

Les Tuteurs, Protuteurs & Curateurs comptables seront tenus de former & faire enregistrer leurs oppositions sur les biens des Débiteurs de leurs Mineurs pour la conservation de leurs hypoteques, à peine de payer en leurs noms les sommes que les Mineurs auroient perduës, à faute d'avoir fait les Enregistremens.

## ARTICLE LX.

Exceptons pareillement les hipoteques des femmes sur les biens de leurs maris, pour dot, doüaire, & autres droits procedans de leurs mariages.

## ARTICLE LXI.

Elles auront aussi indemnité & hypoteque du

jour de leur contract de mariage, sur les biens de
leurs maris, pour les obligations dans lesquelles elles
seront entrées avec eux, encore qu'elles n'ayent formé, ni fait enregistrer aucune opposition.

## ARTICLE LXII.

LES Creanciers qui auront formé & fait enregistrer leur opposition sur les biens du mari, dans
les quatre mois du jour du contract ou obligation,
en laquelle la femme sera entrée conjointement
avec son mary & pour luy, auront aussi hypoteque
sur les biens du mary, du jour du contract de mariage ; autrement l'indemnité ne pourra avoir un
effet retroactif au contract de mariage, & ils n'auront hypoteque que du jour de l'enregistrement.

## ARTICLE LXIII.

LES femmes separées de biens d'avec leurs maris, seront tenuës de former & faire enregistrer leurs
oppositions sur les biens de leurs maris, pour la conservation des hypoteques à elles appartenans, dans
les quatre mois de l'acte ou jugement de separation ;
autrement, & les quatre mois passez, elles ne seront
mises en ordre avec les Creanciers qui auront fait
enregistrer leurs oppositions, que du jour de l'enregistrement par elles fait.              ARTICLE

## ARTICLE LXIV.

LES veuves feront auffi tenuës de former &
faire enregiftrer leurs oppofitions dans l'année du
jour du decez de leurs maris ; autrement elles
n'auront hypoteque fur les biens que du jour
qu'elles auront fait regiftrer leur oppofition.

## ARTICLE LXV.

EXCEPTONS pareillement de la neceffité
des Enregiftremens , le Doüaire des enfans és
Coûtumes où il leur eft propre ; neantmoins
ceux qui feront majeurs, feront tenus de former
leur oppofition , & la faire enregiftrer dans les
quatre mois du decez du pere ; autrement ils
n'auront hypoteque fur fes biens que du jour
de l'Enregiftrement.

## ARTICLE LXVI.

LES biens des Receveurs des Confignations &
des Commiffaires aux Saifies reelles , acquis depuis qu'ils ont efté receus en leurs charges , demeureront affectez & hypotequez aux creanciers
des Confignations & des Saifies reelles par pré-

N

ference, sans qu'il soit besoin d'enregistrer aucune opposition : & à l'égard des biens que les
Receveurs des Consignations & Commissaires aux
Saisies réelles auront acquis avant leur reception
& prestation de Serment , les Creanciers des
Consignations & des Saisies réelles y auront hypoteque du jour de leur reception & prestation de
serment , sans qu'ils soient tenus de faire aucun
Enregistrement.

## ARTICLE LXVII.

LES Seigneurs feodaux ou censiers ne seront
tenus pour la conservation de leurs droits , soit
qu'ils soient écheus ou non , de faire aucune opposition ni enregistrement sur les heritages, fiefs,
& droits, estans en leur censive & mouvance ;
mais à l'égard des autres biens , ils seront tenus
de faire leur opposition , & la faire enregistrer ,
comme tous les autres Creanciers.

## ARTICLE LXVIII.

IL ne sera point aussi necessaire de faire aucun
Enregistrement sur les heritages chargez d'un usu-
fruit, estably par les Ordonnances, le Droit & les
Coustumes ; mais à l'égard des autres biens de ce-

luy qui sera obligé à l'usufruit , l'usufruitier sera
tenu d'y former son Opposition , & de la faire
enregistrer comme tous les autres Creanciers.

## ARTICLE LXIX.

S i l'usufruit est constitué par convention seulement, il sera sujet à l'enregistrement , sans neantmoins déroger à l'Article L x. concernant les con-
ventions des femmes.

## ARTICLE LXX.

V o u l o n s que les Beneficiers soient mainte-
nus dans le privilege à eux appartenant , pour les
degradations & reparations des bastimens & lieux
dépendans de leurs Benefices , sur les biens des
precedens Titulaires , du jour de leur prise de
possession , sans qu'ils soient tenus de faire aucune opposition ni enregistrement pour la conservation de leur Privilege.

## ARTICLE LXXI.

A b r o g e o n s l'usage des Saisines & Nantisse-
mens pour acquerir hypoteque & préference, déro-
geant pour cét effet à toutes Coustumes contraires.

N ij

## ARTICLE LXXII.

Neantmoins ceux dont les Contracts ont
eſté nantis ou enſaiſinez , ſeront conſervez dans
leurs préferences , pourveu qu'ils forment leur oppoſition , & qu'ils la faſſent regiſtrer dans les ſix
mois , à commencer du premier jour du mois de
Jüillet de la preſente année , autrement & à faute de l'avoir fait dans les ſix mois , ils n'auront
preference que du jour que leurs oppoſitions auront eſté enregiſtrées.

## ARTICLE LXXIII.

Les Greffiers ſeront tenus de délivrer à ceux
qui les en requereront des Extraits des Enregiſtremens qui ſeront ſur leurs Regiſtres , ou des
Certificats qu'il n'y en a aucun , aux peines portées par l'Article x i.

## ARTICLE LXXIV.

Ils ſeront reſponſables de la verité de leurs Certificats , s'il ſe trouve des oppoſitions , lors qu'ils auront certifié qu'il n'y en a point ; ou s'il s'en trouve
d'autres que celles mentionnées dans l'Extrait qu'ils
auront délivré.

## ARTICLE LXXV.

ILs ſeront tenus de comprendre dans les Extraits qu'ils délivreront toutes les oppoſitions qui auront eſté faites ſur l'immeuble ſur lequel les oppoſitions dont on demandera l'Extrait, auront eſté faites.

## ARTICLE LXXVI.

LES Greffiers ne prendront que trente ſols pour chacun Enregiſtrement, & pareille ſomme pour chacun Extrait qu'ils délivreront : leur faiſons défenſe d'éxiger ni recevoir plus grands droits, encore qu'ils leur fuſſent volontairement offerts, à peine de concuſſion.

## ARTICLE LXXVII.

LES Oppoſitions, Enregiſtremens, & autres Actes énoncez en noſtre preſent Edict, ſeront faits conformément aux Formules miſes ſous le contreſcel d'iceluy, ſans neantmoins que l'obmiſſion d'aucuns des mots qui y ſont employez puiſſe induire la nullité des actes.

N iij

## ARTICLE LXXVIII.

VOULONS que noftre prefent Edit foit ponc-
tuellement gardé & obfervé dans tout noftre Royaume, Terres, & Pays de noftre obeïffance, à commencer au premier jour du mois de Juillet de la
prefente année, nonobftant toutes Ordonnances,
Loix, Coûtumes ou Statuts, Reglemens, Stiles &
Ufages differens ou contraires aux difpofitions y
contenuës, qui demeureront abrogées.

SI DONNONS EN MANDEMENT à nos
amez & feaux Confeillers, les Gens tenans nos
Cours de Parlement à Paris, que ces Prefentes ils
faffent lire, publier & regiftrer, & le contenu en
icelles garder & obferver felon fa forme & teneur,
ceffans & faifans ceffer tous empefchemens qui
pourroient eftre mis ou donnez au contraire : CAR
tel eft noftre plaifir. Et afin que ce foit chofe ferme
& ftable à toûjours, Nous avons fait mettre noftre
fcel à cefdites prefentes. Donné à Verfailles au mois
de Mars, l'an de grace mil fix cens foixante-treize;
& de noftre regne le trentiéme. Signé, LOUIS.
*Et plus bas,* Par le Roy, COLBERT. *Et à cofté
eft écrit, Vifa,* DALIGRE. *Edit d'Eftabliffement
de Greffes d'Enregiftremens des Oppofitions. Et*

scellé du grand sceau de cire verte sur lacs de soye
rouge & verte.

Leu, publié, & regiftré, Ouï, & ce requerant le Procureur General du Roy, pour eftre executé felon fa forme & teneur. A Paris en Parlement, le Roy y feant en fon lit de Juftice, le
vingt-troifiéme Mars mil fix cens foixante-treize.

Signé, Du TILLET.

Leu, publié, & regiftré en la Chambre des
Comptes, Ouï & ce confentant le Procureur Gene-
ral du Roy, du tres-exprés commandement de fa
Majefté, porté par Monfieur le Duc d'Orleans fon
Frere unique, venu exprés en ladite Chambre, af-
fifté du fieur du Pleffis-Praflin, Marefchal, Duc &
Pair de France, & des fieurs Puffort & de Bénard-
Rezé, Confeillers d'Etat ordinaires, le vingt-troi-
fiéme Mars mil fix cens foixante-treize.

Signé, RICHER.

Leu, publié, & regiftré du tres-exprés commandement du Roy, porté par Monfieur le Prince
de Condé, premier Prince du Sang, affifté du fieur
de Grancey de Medavy, Marefchal de France, & des

*ſieurs Voiſin & de Fieubet, Conſeillers ordinaires du Roy; Ouï, ce requerant & conſentant ſon Procureur General, pour eſtre executé ſelon ſa forme & teneur : & ordonné que copies collationnées feront envoyées és Siéges des Elections, Greniers à Sel, & autres Juriſdictions du reſſort de la Cour, pour y eſtre pareillement leuës, publiées, & enregiſtrées. Enjoint aux Subſtituts dudit Procureur General du Roy eſdits Sieges d en certifier la Cour au mois. A Paris en la Cour des Aydes, les Chambres aſſemblées, le vingt-troiſiéme Mars mil ſix cens ſoixante-treize.*

Signé, Bᴏᴜᴄʜᴇʀ.

FORMULES

# FORMULES
## DES ACTES
### ORDONNEZ PAR L'EDIT
des Enregiſtremens des
Hypoteques.

---

*FORMULE DU PROCES VERBAL*
*du Paraphe du Regiſtre , ſuivant*
*l'Article v.*

L'An mil ſix cens ſoixante                    le
jour d
pardevant Nous
eſt comparu Maître
Greffier des Enregiſtremens du
lequel nous a repreſenté un Regiſtre in folio , couvert de
contenant
feüillets blancs, pour ſervir à l'Enregiſtrement des Oppoſitions qui
ſeront faites ſuivant l'Edit du mois de Mars 1673. leſquels
feüillets dudit Regiſtre Nous avons cottez & paraphez les an &
jour que deſſus ; & a ledit Greffier ſigné avec Nous le preſent Procez verbal.

O

## *Formule de Procés verbal de la verification des feüillets du Registre, suivant les Articles* VIII. & IX.

L'An mil six cens soixante           le
jour d               a

*Avant ou aprés midy.*   midy, le Registre du Greffe des Enregistremens du Siege du
            a esté representé par devant Nous        par
Greffier desdits Enregistremens, & avons trouvé que depuis le
            jour d
jusques à ce jourd'huy, il y a          feüillets

*S'il y a du blanc, en sera fait mention.*   tous êcrits dudit Registre sans aucuns blancs, dont Nous avons donné Acte audit         Greffier qui a
signé avec nous.

## *Formule des Actes d'Opposition, suivant les Articles* XIII. XIV. & XV.

L'An mil six cens soixante          le
jour d           a

*Bailliage, Senéchaussée, ou Presidial.*   midy, est comparu au Greffe des Enregistremens du
         Maistre
ou             fondé de Procuration
de

*D'hypoteque, privilege, ou preference.*   passée pardevant
le            lequel a déclaré qu'il forme son
Opposition, pour estre conservé en ses droits
sur          situé à

*Contract, Sentence, ou autre titre.*   dans le ressort du
appartenant à
& ce suivant le Contract passé au profit dudit

*Et s'il n'y a Minute le declarer.*   Opposant par ledit       à
         pardevant
le          jour d

figné de                                    dont la minute est demeurée
entre les mains de
par lequel Contract il est porté
& à l'effet de la presente Opposition, a l'Opposant éleu son domicile
en la maison de
de la presente Ville, ruë
& a signé avec moy Greffier soussigné.

## Formule du changement de domicile, suivant l'Article xx.

L'AN mil six cens soixante                     le
jour d                          a
midy, est comparu au Greffe des Enregistremens de
                          Maistre
ou                                   porteur de la Procuration
de                                   passée pardevant
                          le
lequel a déclaré qu'il a revoqué, comme il révoque par le present
acte, l'élection de domicile faite par l'Acte d'Opposition inserée au
present Registre le
jour d                          feüillet
& au lieu d'iceluy, a de nouveau éleu son domicile en la maison
de                                   de la presente
Ville, ruë                          à l'effet de
ladite Opposition, & a signé avec moy Greffier soussigné.

## Formule de l'Opposition en sous-ordre, suivant l'Article XXXIV.

L'AN mil six cens soixante                     le
jour d                          a
midy, est comparu au Greffe des Enregistremens du
                          Maistre
ou                                   porteur de la Procuration
de

O ij

paſſée pardevant
le                                        lequel comme Creancier
de                                        a déclaré qu'il formoit
ſon Oppoſition ; pour eſtre conſervé en ſes droits d'Hypoteque,
Privilege ou Préference, & eſtre colloqué en ſouſ-ordre au lieu &
place de
ſon Debiteur, en vertu du Contract paſſé à ſon profit par ledit
                                    à
pardevant                                le
jour d                        mil ſix cens
ſigné de                                dont la minute eſt demeurée és
mains de
par lequel Contract il eſt porté
& ce ſur                                ſitué à
dans le reſſort d
appartenant à
Debiteur dudit                                        à l'effet de laquelle
Oppoſition a l'Oppoſant éleu ſon domicile en la maiſon de
                                        de la preſente Ville,
ruë                                        & a ſigné avec moy
Greffier ſouſſigné

## Formule de la Signification des Contracts d'Acquiſi-tion, ſuivant les Articles XLII. & XLIII.

L'AN mil ſix cens ſoixante                        le
jour d
midy, à la requeſte de
demeurant à
je                                        Huiſſier immatriculé à                                reſidant à
ſouſſigné, ay ſignifié, & baillé copie à
en la maiſon de                                        en la ville
de                                domicile par luy éleu par l'Acte
d'Oppoſition faite au Greffe des Enregiſtremens de ladite Ville de
                                    le
jour du mois de                        mil ſix cens

en parlant à
du Contract passé à son profit par
le                         jour du mois de
mil six cens                    pardevant Notaire à
par lequel il est porté
à ce qu'il n'en ignore, & a éleu ledit
son domicile en la maison de
de la presente Ville, ruë
Fait en la presence de
temoins, qui ont signé avec moy l'Original & la Copie du present
Exploit. Contrôllé le                jour de
mil six cens soixante

## Formule de l'Enregistrement de l'Exploit cy-dessus à la marge des Oppositions, suivant l'Article XLIV.

L'An mil six cens soixante              le
jour d                    à
midy, est comparu au Greffe des Enregistremens de
                    Maistre
lequel a representé le Contract d'aquisition par luy fait de
                    passé le
jour de                    mil six cens
pardevant                    Notaire à
signifié à sa requeste à                              par
Exploit du                    fait par
Sergent à

## Formule de la Signification des Saisies réelles avant le Congé d'adjuger, suivant les Articles XLVII. & XLVIII.

L'An mil six cens soixante              le
jour d                    à
midy, à la requeste de

demeurant à                          je
Huiſſier immatriculé à                          réſidant
à                          ſouſſigné, ay ſignifié, & baillé copie à                          en la maiſon
de                          en la Ville
de                          domicile éleu par l'Acte
d'Oppoſition faite au Greffe des Enregiſtremens de ladite Ville de
                          en parlant
à                          de la ſaiſie réelle faite à la requeſ-
ſe dudit                          te
par                          Huiſſier à
de                          ſitué en la Parroiſſe de
réellement ſaiſi ſur                          & déclaré que ladite ſaiſie réelle ſe pourſuit pardevant
& que Maiſtre                          eſt Procureur dudit
Fait en la preſence de
demeurant à                          & de
demeurant à                          témoins, qui ont
ſigné avec moy Huiſſier ſouſſigné, l'Original & la Copie du preſent
Exploit. Contrôllé le                          jour d
mil ſix cens ſoixante.

## *Formule touchant les Appropriances de Bretagne, ſuivant les Articles* XLIX. *&* L.

L'AN mil ſix cens ſoixante                          le
jour 'd                          a
midy, à la requeſte de
demeurant à                          je
Huiſſier immatriculé à                          réſidant à
ſouſſigné, ay ſignifié, & baillé copie à
en la maiſon de                          en la Ville
de                          domicile éleu par l'Acte d'Oppoſi-
ſion faite au Greffe des Enregiſtremens de ladite Ville, le
en parlant à

du Contract paſſé le                                             pardevant
                          Notaire à
par lequel ledit                          a acquis
ſituez en la Parroiſſe de
& déclaré que ledit                                       pourſuivra
l'Appropriance deſdits heritages pardevant
ſuivant la forme preſcrite par la Couſtume de Bretagne , & qu'il a
conſtitué Maiſtre                                Procureur pour
ladite pourſuite. Fait en la preſence de
demeurans à                              témoins , qui ont ſigné
avec moy Huiſſier souſſigné, l'Original & la Copie du preſent Exploit,
Contrôllé le          jour d          mil ſix cens ſoixante

*Formule du Procés verbal qui fera mention ſur le*
*Regiſtre des Significations faites pour raiſon des*
*Decrets & Appropriances, ſuivant l'Article* L I.

L An mil ſix cens ſoixante                      le
  jour d                         à
midi, Maiſtre                                a repreſenté une Signification du                    faite à
par                            Huiſſier immatriculé à
réſidant à                     d'un Contract paſſé le
pardevant                      Notaire à
par lequel ledit                          a acquis de
          ſitué en la Parroiſſe de
& par ladite ſignification a déclaré qu'il pourſuivroit l'Appropriance
de                             pardevant
dont Nous faiſons icy mention , ſuivant l'Article cinquante-un de
l'Edit des Enregiſtremens.          •

F A I T & arreſté au Conſeil Royal des Finances,
tenu par Sa Majeſté à Verſailles le vingt-uniéme.
jour de Mars mil ſix cens ſoixante-treize.

Signé, GOLBERT.

*Leuës, publiées, & regiſtrées, Ouï, & ce requerant le Procureur General du Roy, pour eſtre executées ſelon leur forme & teneur. A Paris en Parlement, le Roy y ſeant en ſon lit de Juſtice, le vingt-troiſiéme Mars mil ſix cens ſoixante-treize. Signé,* DU TILLET.

*Leuës, publiées, & regiſtrées en la Chambre des Comptes, Ouï & ce conſentant le Procureur General du Roy; du tres-exprés commandement de ſa Majeſté, porté par Monſieur le Duc d'Orleans ſon Frere unique, venu exprés en ladite Chambre, aſſiſté du ſieur du Pleſſis-Praſlin, Maréchal, Duc & Pair de France, & des ſieurs Puſſort & de Bénard-Rezé, Conſeillers d'Eſtat ordinaires, le vingt-troiſiéme Mars mil ſix cens ſoixante-treize. Signé,* RICHER.

*Leuës, publiées, & regiſtrées du tres-exprés Commandement du Roy, porté par Monſieur le Prince de Condé, premier Prince du Sang, aſſiſté du ſieur de Grancey de Medavy, Maréchal de France, & des ſieurs Voiſin & de Fieubet, Conſeillers ordinaires du Roy, Ouï, ce requerant & conſentant ſon Procureur General, pour eſtre executées ſelon leur forme & teneur: & ordonné que copies collationnées ſeront envoyées és Siéges des Elections, Greniers à Sel, & autres Juriſdictions du reſſort de la Cour, pour y eſtre pareillement leuës, publiées, & enregiſtrées. Enjoint aux Subſtituts dudit Procureur General du Roy eſdits Sieges, d'en certifier la Cour au mois. A Paris en la Cour des Aydes, les Chambres aſſemblées, le vingt-troiſiéme Mars mil ſix cens ſoixante-treize. Signé,* BOUCHER.

DECLARATION

# DECLARATION
## DU ROY,

*SUR LA FORME DE L'ENregistrement des Edits & Lettres Patentes concernant les affaires du Roy dans les Compagnies.*

OUIS PAR LA GRACE DE DIEU ROY DE FRANCE ET DE NAVARRE, A tous ceux qui ces presentes Lettres verront, SALUT. Comme il importe à nostre Service & au bien de nostre Etat, que nos Ordonnances, Edicts, Declarations & Lettres Patentes concernant les affaires publiques, émanées de nostre authorité & propre mouvement, soient incessamment regiftrées en nos Cours, pour estre publiées & executées, Nous aurions pour prévenir les longueurs desdits Enregistremens, en-

P

tre autres choſes ordonné par les Articles deux &
cinquiéme du Titre premier de noſtre Ordonnance du mois d'Avril mil ſix cens ſoixante-ſept , que
nos Cours qui ſe trouveroient dans le lieu de
noſtre ſejour , ſeroient tenuës de Nous repreſenter
ce qu'elles jugeroient à propos , ſur le contenu
eſdites Ordonnances , Edicts , Declarations , &
Lettres Patentes , dans la huitáine aprés leur Dé-
liberation ; & les Compagnies qui en ſeroient
plus éloignées , dans ſix ſemaines ; aprés lequel
temps , elles ſeroient tenuës pour publiées & regiſtrées. Et dautant que les differentes interpre-
tations , qui ſeroient données à la diſpoſition
deſdits Articles , pourroient eſtre préjudiciables
au bien de noſtre Service , & aux preſſantes affaires de noſtre Etat , par le retardement qui ſeroit apporté à l'éxecution de nos Ordres , Nous
avons reſolu d'expliquer ſur ce nos intentions par
nos Lettres de Declaration à ce neceſſaires. A ces
causes , de l'Avis de noſtre Conſeil , qui a veu
leſdits Articles deux & cinquiéme du Titre premier de noſtre Ordonnance du mois d'Avril mil
ſix cens ſoixante-ſept , & de noſtre certaine ſcience , pleine puiſſance & authorité Royale , Nous
avons dit & declaré , & par ces preſentes ſignées
de noſtre main , diſons & declarons , voulons &
nous plaiſt , que nos Procureurs Generaux , qui

recevront noſdites Ordonnances, Edits , Declarations & Lettres Patentes , expediées pour affaires publiques , ſoit de Juſtice ou de Finance ,
émanées de noſtre ſeule authorité & propre mouvement , ſans partie, avec nos Lettres de Cachet ,
portans nos Ordres pour l'Enregiſtrement d'icelles , ſoient tenus de s'en charger ſur le Regiſtre
du Maiſtre des Couriers , ou d'en donner leur
certification en forme à ceux qui leur rendront
les dépeſches de noſtre part. Comme auſſi , qu'in-
continent que nos Procureurs Generaux auront
receu nos Lettres , ils en informent le Premier
Preſident , ou celuy qui preſidera en ſon abſen-
ce ; luy demandent , ſi beſoin eſt , l'Aſſemblée
des Chambres ou des Semeſtres , laquelle le Premier Preſident convoquera dans trois jours , où
nos Procureurs Generaux preſenteront les Edits ,
Ordonnances , Declarations & Lettres Patentes ,
dont ils ſeront chargez, avec nos Lettres de Cachet. Le Premier Preſident diſtribuëra ſur le champ
noſdites Lettres Patentes , ſur leſquelles le Conſeiller Rapporteur mettra le *Soit monſtré* , & les
rendra à noſtre Procureur General avant la levée
de la ſeance. Nos Procureurs Generaux donne-
ront dans vingt-quatre heures apres leurs Con-
cluſions ſur le contenu auſdites Lettres, & les rendront au Conſeiller Rapporteur. Trois jours aprés

P ij

le Conſeiller Rapporteur en fera ſon rapport, & à cét effet celuy qui preſidera, aſſemblera les Chambres ou Semeſtres en la maniere accoûtumée, & fera déliberer ſur icelles, toutes affaires ceſſantes, meſme la viſite & jugement des procez criminels, & les propres affaires des Compagnies. DEFENDONS à nos Cours de recevoir aucunes oppoſitions à l'Enregiſtrement de noſdites Lettres Patentes, aux Greffiers d'icelles de les enregiſtrer, & à tous Huiſſiers d'en faire la ſignification, à peine de ſuſpenſion de leurs charges, ſoit qu'elles ſoient faites de la part des Corps, Communautez ou Particuliers, de quelque qualité qu'ils puiſſent eſtre, ou par les Sindics, Procureurs Generaux ou Aſſemblées des Communautez, ſauf à eux à ſe retirer pardevers Nous pour leur eſtre pourveu. VOULONS que nos Cours ayent à enregiſtrer purement & ſimplement nos Lettres Patentes, ſans aucune modification, reſtriction, ni autres clauſes qui en puiſſent ſurſeoir ou empeſcher la pleine & entiere execution. Et neantmoins où nos Cours en déliberant ſur nos Lettres, jugeroient neceſſaire de Nous faire leurs Remonſtrances ſur le contenu, le Regiſtre en ſera chargé, & l'arreſté redigé; aprés toutesfois que l'Arreſt d'Enregiſtrement pur & ſimple deſdites Lettres aura eſté donné ſéparement

de l'arreſté qui aura ordonné leſdites Remonſtrances ; & en conſequence, celuy qui aura preſidé
pourvoira à ce que les Remonſtrances ſoient dreſ-
ſées dans la huitaine par les Commiſſaires de la
Compagnie qui ſeront par luy députez, pour eſtre
délivrées à noſtre Procureur General, avec l'Arreſt
qui les aura ordonnées, dont il ſe chargera au Greffe. Les Remonſtrances Nous ſeront faites ou pre-
ſentées dans la huitaine par nos Cours de noſtre
bonne Ville de Paris, ou autres, qui ſe trouveront
dans le lieu de noſtre ſejour ; & dans ſix ſemaines, par nos autres Cours des Provinces. En cas
que ſur le rapport qui Nous ſera fait des Remonſtrances, Nous les jugions mal-fondées, &
n'y devoir avoir aucun égard, Nous ferons ſçavoir nos intentions à noſtre Procureur General,
pour en donner avis aux Compagnies, & tenir la
main à l'execution de nos Ordonnances, Edits & 
Declarations qui auront donné lieu aux Remon-
trances : & où elles Nous ſembleront bien fondées,
& que Nous trouverons à propos d'y déferer en
tout ou partie, Nous envoyerons à cet effet nos
Declarations aux Compagnies, dont nos Procureurs Generaux ſe chargeront comme deſſus, &
provoqueront l'Aſſemblée des Chambres ou Semeſtres, les preſenteront avec nos Lettres de Cachet au premier Preſident en pleine ſeance, &

P iij

en requereront l'Enregiſtrement pur & ſimple. Ce
que nos Cours ſeront tenuës de faire, ſans qu'aucun des Officiers puiſſe ouvrir aucun avis contraire,
ni nos Cours ordonner aucune nouvelle Remon-
trance ſur nos premieres & ſecondes Lettres, à
peine d'interdiction, laquelle ne pourra eſtre levée
ſans nos Lettres ſignées de noſtre exprés commandement, par l'un de nos Secretaires d'Etat, & ſcellées de noſtre grand ſceau ; Nous reſervant d'uſer
de plus grande peine s'il y échet; & ſans que la preſente clauſe puiſſe eſtre cenſée comminatoire, ni é-
ludée pour quelque cauſe & ſous quelque pretexte
que ce puiſſe eſtre. Les Greffiers tiendront leurs
feüilles des Avis & de toutes les Déliberations qui
ſeront priſes ſur le ſujet deſdites Lettres, leſquelles
ils feront parapher avant la levée des ſeances, par
celuy qui aura preſidé, & remettront leſdites feüilles és mains de nos Procureurs Generaux, pour
Nous eſtre envoyées: Et à cet effet, les Greffiers
aſſiſteront à la preſentation qui ſera faite de noſdites Lettres par nos Procureurs Generaux, & à
toutes les Déliberations qui ſeront priſes ſur icelles,
nonobſtant tous Uſages à ce contraires. N'entendons neantmoins comprendre aux diſpoſitions cy-
deſſus nos Lettres Patentes expediées ſous le nom
& au profit des particuliers, à l'égard deſquels les
oppoſitions pourront eſtre receuës, & nos Cours

ordonner qu'avant y faire droit, elles feront communiquées aux Parties. Si DONNONS EN MANDEMENT à nos amez & feaux Conſeillers les Gens tenans noſtre Cour de Parlement à Paris, que ces Preſentes ils ayent à regiſtrer, & le contenu en icelles garder & obſerver ſelon ſa forme & teneur, nonobſtant tous Reglemens, Uſages, & autres choſes à ce contraires, auſquelles Nous avons dérogé & dérogeons : Car tel eſt noſtre plaiſir. En témoin dequoy Nous, avons fait mettre noſtre ſcel à ces Preſentes. DONNE'ES à Saint Germain en Laye, le vingt-quatriéme jour de Février, l'an de grace mil ſix cens ſoixante & treize : Et de noſtre regne le trentiéme. Signé, LOUIS; *Et plus bas*, Par le Roy, COLBERT : Et ſcellées du grand ſceau de cire jaune.

*Leuës, publiées, & regiſtrées, Ouï, & ce requerant le Procureur General du Roy, pour eſtre executées ſelon leur forme & teneur. A Paris en Parlement, le Roy y ſeant en ſon lit de Juſtice, le vingt-troiſiéme Mars mil ſix cens ſoixante-treize. Signé, DU TILLET.*

*Leuës, publiées, & regiſtrées en la Chambre des Comptes, Ouï & ce conſentant le Procureur General du Roy, du tres-exprés commandement de ſa Majeſté, porté par Monſieur le Duc d'Orleans ſon Frere unique, venu exprés en ladite Chambre, aſſiſté du ſieur du Pleſſis-Praſlin, Maréchal, Duc & Pair de France, & des ſieurs Puſſort & de Bénard-Rezé, Conſeillers*

*d'Estat ordinaires , le vingt-troisiéme Mars mil six cens soi-
xante-treize. Signé , RICHER.*

*Leuës , publiées , & registrées du tres-exprés Commandement
du Roy, porté par Monsieur le Prince de Condé, premier Prince
du Sang, assisté du sieur de Grancey de Medavy , Maréchal
de France, & des sieurs Voisin & de Fieubet , Conseillers ordinaires du Roy, Ouï , ce requerant & consentant son Procureur General , pour estre executées selon leur forme & teneur : &
ordonné que copies collationnées seront envoyées és Sieges des
Elections, Greniers à Sel , & autres Jurisdictions du ressort
de la Cour , pour y estre pareillement leuës , publiées , & enregistrées. Enjoint aux Substituts dudit Procureur General du
Roy esdits Sieges , d'en certifier la Cour au mois. A Paris en la
Cour des Aydes , les Chambres assemblées , le vingt-troisiéme
Mars mil six cens soixante-treize. Signé , BOUCHER.*

TABLE

# TABLE
## DES MATIERES
### PRINCIPALES.



Q

# TABLE

## C

R

## TABLE DES MATIERES.



*FIN.*

## Extrait du Privilege du Roy.

PAr grace & Privilege du Roy, donné à Saint Germain en Laye, le septiéme jour d'Aouſt 1668. Signé, LOUIS; *& plus bas*, Par le Roy, DE GUENEGAUD; & ſcellé du grand ſceau de cire jaune : Il eſt permis à Meſſire FRANÇOIS D'AUBUSSON, Pair de France, Duc de Roannez, Comte de la Feüillade, Lieutenant General des Camps & Armées, de ſa Majeſté, de faire imprimer par les Libraires ou Imprimeurs qu'il aura choiſis, *Les Edits, Declarations, Reglemens & Arreſts du Conſeil qui pourroient eſtre donnez par ſa Majeſté, ou par ſon Conſeil, en interpretation de ſes Nouvelles Ordonnances, ou pour la reformation de la Iuſtice*, durant le temps & eſpace de cinquante années, à compter du jour qu'ils ſeront achevé d'imprimer pour la premiere fois : avec défenſes à toutes perſonnes de quelque qualité ou condition qu'elles ſoient, d'en imprimer, vendre ni debiter aucun dans le Royaume, Pays & Terres de l'obeïſſance de ſa Majeſté, que de ceux imprimez par leſdits Imprimeurs choiſis ; ſous peine de confiſcation de tous les exemplaires, & de vingt mil livres d'amende, payable ſans déport par chacun des contrevenans, & de plus grande punition s'il y échet.

*Monſeigneur le Duc de la Feüillade a cedé un tiers du Privilege cy-deſſus à Denys Thierry & à ſes Aſſociez, pour en joüir le temps porté par iceluy.*

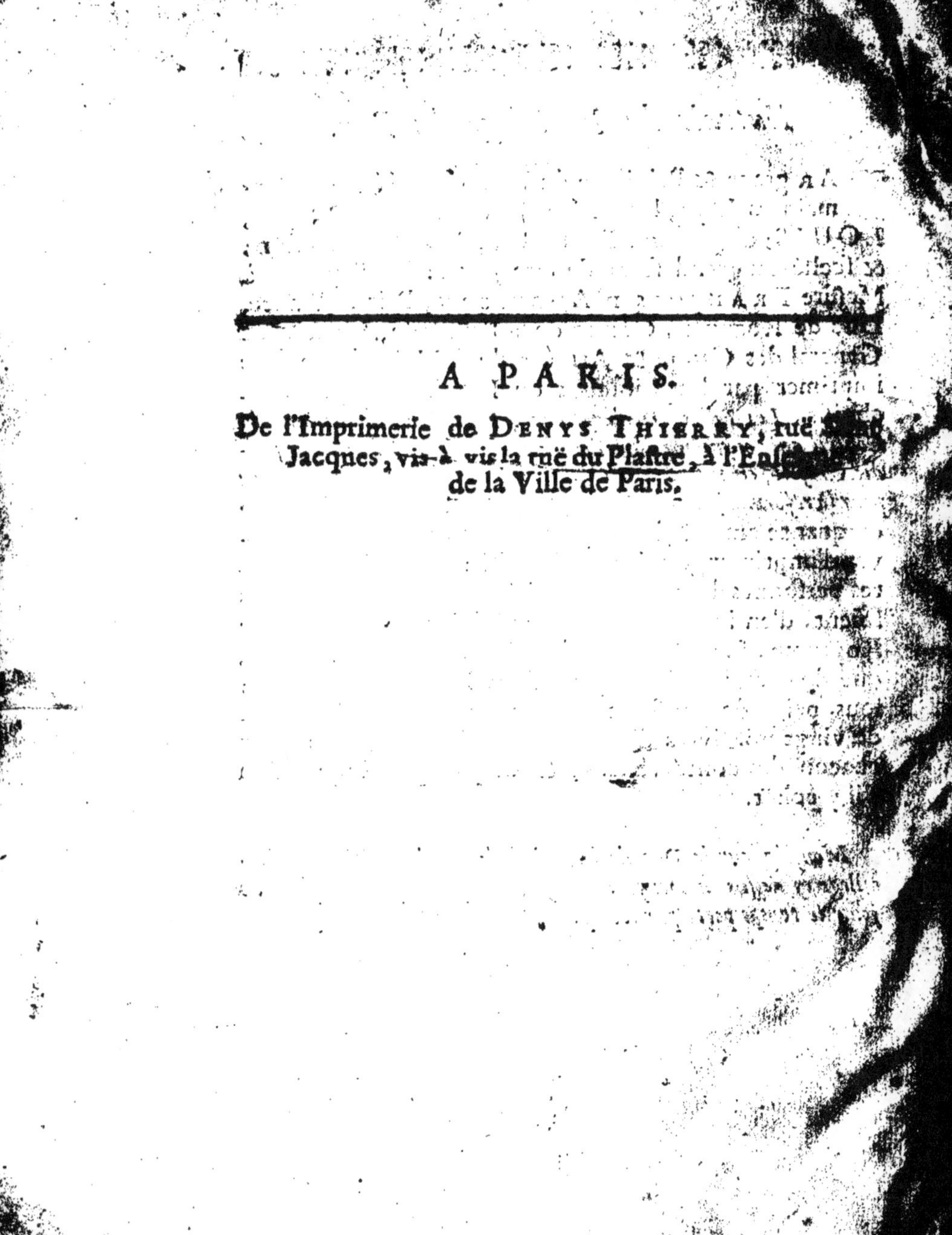

A PARIS.

De l'Imprimerie de DENYS THIERRY, ruë Saint
Jacques, vis-à-vis la ruë du Plastre, à l'Enseigne
de la Ville de Paris.

www.ingramcontent.com/pod-product-compliance
Lightning Source LLC
LaVergne TN
LVHW050800200726
843507LV00001B/167